Artículos de Secesión

Cómo funcionarían (mejor) nuestros sistemas en La República de New Hampshire

Alu Axelman

Editado por Leliz Cedrone

Libros por Alu en inglés

The Blueprint For Liberty
Presumed Guilty
The Plague That Must Not Be Questioned
The Progressive Solution
Taxation Is Theft
They Fear Unity
How Amazing Is The US Constitution?
The Pocket Guide To Killing Gun Control

1: Introducción

Este libro responderá a las preguntas y preocupaciones más comunes y serias que tienen las personas cuando oyen la idea de separarse de los estados unidos y convertirse en un estado independiente. A menudo escuchamos a la gente hacer preguntas como *"¿Cómo será la atención médica si nos separamos?" "¿Cómo podríamos sobrevivir sin hospitales, seguros o ambulancias?" "¿Cómo sería la aplicación de la ley y la defensa nacional sin el gobierno federal?" "¿Qué moneda usaríamos?"* Espero que este librito responda a esas preguntas.

Si has leído 'The Blueprint For Liberty', seguramente comprendes que la unión de los 50 estados no puede permanecer intacta por siempre. Si crees en la libertad, seguramente entiendes que la unión no debe permanecer intacta, porque el único camino que queda para la libertad humana sostenible involucra necesariamente la separación de DC y la unión. Ese libro explica por qué la secesión es necesaria. Este librito se enfoca en las soluciones reales y específicas con respecto a cómo viviremos en una república independiente de New Hampshire después de la secesión.

2: Salud

"*¿Cómo sería la atención médica en un New Hampshire independiente una vez que abandonemos la unión?*", preguntó una mujer de mediana edad entre la multitud durante la conferencia de prensa de CACR32. Me han hecho esta pregunta muchas veces en los últimos meses, y es una preocupación justa. Exploremos cómo podría verse el sistema médico en la República de New Hampshire después de la inevitable separación de DC y New Hampshire.

En primer lugar, debemos reconocer que una vez que New Hampshire abandone la unión, casi todo permanecerá igual. El sol seguirá saliendo por el este cada mañana. Los paramédicos y técnicos de emergencias médicas se encargarían de las ambulancias, y los pacientes continuarían viendo a sus médicos, como siempre lo han hecho. Cuando los niños se caigan y sufran lesiones, sus padres continuarán llevándolos a los centros de cuidados de urgencia o salas de emergencia de los hospitales, si la lesión parece grave. Los seguros de salud seguirían existiendo, tal como lo hacen hoy. No hay ninguna razón legítima para creer que el sol dejaría de brillar o que los hospitales y las ambulancias dejarían de existir si cortamos los lazos con los políticos de DC. Casi todas las cosas permanecerían completamente iguales. Sin embargo, habría algunas modificaciones significativas que afectarían la atención médica, y todas serían para mejor.

1) Sin los políticos, los reguladores y las leyes de DC, las personas estarían libres de disposiciones horribles como la ley de Obamacare que literalmente castigó a quienes no compraron un seguro médico.

2) Sin los políticos, los reguladores y las leyes de DC, las compañías de seguros de salud serían libres de ofrecer cualquier plan que quisieran y, las personas, libres de comprar el que más les agrade. Algunas personas tal vez opten por comprar seguros de salud más limitados, que solo cubren catástrofes, mientras que otras estarán dispuestas a gastar más en planes que les brinden un mayor número de beneficios. Actualmente, los políticos y los reguladores de DC utilizan la amenaza de la fuerza para controlar exactamente qué tipos de planes pueden ofrecer legalmente las compañías de seguros de salud en los estados unidos. Millones de páginas de leyes federales dictan en detalle qué planes pueden ofrecer legalmente las compañías de seguros de salud "privadas". En este momento, es ilegal a nivel federal que las compañías de seguros de salud ofrezcan planes más económicos. La secesión le daría a los neohampshireños mucha más libertad de elección.

3) Sin los políticos, los reguladores, y las leyes de DC, sería mucho más fácil abrir nuevas instalaciones médicas en New Hampshire. Actualmente, las personas que deseen abrir hospitales, clínicas, centros quirúrgicos, laboratorios, centros de radiología u otros negocios médicos tienen que cumplir con millones de leyes, códigos y normas federales. Solo para asegurarse de que están cumpliendo las regulaciones, las juntas hospitalarias se

ven forzadas a contratar abogados y expertos de todo tipo para revisar las páginas infinitas   de regulaciones federales, y así ratificar que están solicitando los permisos adecuados. Como usted puede imaginarse, contratar abogados y expertos en el área de ley cuesta mucho dinero. Esta barrera federal hace que sea imposible abrir nuevas instalaciones para la mayoría de las personas. Aquellos que inauguran un establecimiento con éxito deben gastar grandes sumas de dinero en especialistas, y luego pasan ese costo al cliente (o al paciente, en este caso). Retribuir el control de la atención médica a los ciudadanos de New Hampshire podría hacer que la misma sea mucho menos costosa. Habiendo desaparecido la mayoría de las barreras para instaurar nuevos centros, veríamos un aumento de hospitales y clínicas. Lo más probable es que la competencia reduzca los costos y mejore la calidad del servicio brindado a los pacientes.

4) Sin los políticos, los reguladores y las leyes de DC, llevar nuevos medicamentos al mercado podría ser miles de millones de dólares más barato y décadas más rápido. En promedio, se necesitan entre 12 y 15 años y $2600 millones para que la Administración de Drogas y Alimentos (FDA por sus siglas en inglés) apruebe un nuevo medicamento. Esto les hace daño y mata a muchos pacientes. También hace que las compañías farmacéuticas gasten enormes cantidades de dinero y tiempo en presentar medicinas al mercado. Estos costos luego son transferidos al cliente, porque si las empresas no obtuvieran una ganancia, no habría incentivo alguno para crear medicamentos. Sin la FDA, los medicamentos en New Hampshire serían probablemente más accesibles.

Además, el trayecto de un remedio desde la concepción hasta llegar al público trascurriría un 90% más rápido, salvando más vidas. Hoy en día, la FDA perjudica a muchos neohampshireños; sin embargo, hombres armados nos obligan a pagar $4 mil millones de dólares anuales para financiar la FDA. Ni siquiera mencionemos la corrupción increíble dentro de la FDA y DC por lo general.

5) El gobierno federal controla las tasas de reembolso de Medicaid (seguro para los pobres financiado por los contribuyentes) y Medicare (seguro para los ancianos financiado por los contribuyentes). Los centros de servicio de Medicare y Medicaid (CMS) son quizás la razón principal por el daño causado a la atención médica en los estados unidos. Debido a que el gobierno federal tiene una deuda de 29 billones y no tiene dinero, se establecieron tasas de reembolso extremadamente bajas para Medicaid y Medicare. Las tarifas dependen de muchos factores, pero solo les pagan a los proveedores alrededor del 21-24 % de la factura. Entonces, cuando una persona va al hospital para una cirugía de emergencia y recibe una factura de$10,000, es posible que Medicaid solo pague alrededor de $2,100 al hospital. Los cirujanos, anestesiólogos, enfermeras, técnicos y todos los demás en el hospital deben recibir un pago por su trabajo, sin mencionar el valor del uso del equipo (respiradores, medicamentos, etc.) que se utiliza en los procedimientos del paciente. Con $2,100 ni siquiera pueden cubrir los costos gastados en el paciente, ni hablar de generar ganancias.

A lo largo de los años, los hospitales se dieron cuenta de que tenían que aumentar los precios de sus facturas médicas debido a las tarifas de reembolso de ley pagadas por CMS (que ahora cubre a la mayoría de los pacientes en los estados unidos, gracias a que el gobierno federal se hizo cargo del mercado de seguros). Ahora, esa misma factura podría ser de $50,000 a pesar de que solo le costó $10,000 al hospital. Y luego CMS reembolsa una quinta parte de $50,000 que son $10,000. Todos están satisfechos. Excepto aquellos con seguro médico privado y especialmente aquellos que optan por no tener seguro; estos últimos tienen que pagar $50,000 por un procedimiento de $10,000 porque el gobierno federal distorsionó el mercado. El tema en cuestión es extremadamente complicado e involucra más manipulación del gobierno federal en el mercado de seguros de salud de lo que uno podría imaginarse. No hace falta decir que sin la intromisión de los políticos de DC en la industria, la atención médica y los seguros médicos serían mucho menos costosos.

6) Los déspotas en DC usan CMS como una herramienta poderosa para manipular nuestro comportamiento y obligar a los proveedores de atención médica y hospitales a cumplir sus órdenes. Durante las últimas décadas, han convencido a casi todos los proveedores de la unión a que acepten Medicaid y Medicare. Ahora, el gobierno federal ha dictaminado que tiene el poder de obligar a cualquier proveedor que atienda pacientes de CMS (que reciban dinero de Medicaid o Medicare) a obedecer leyes aún más estrictas. Por ejemplo, el tribunal supremo del gobierno federal dictaminó recientemente que el gobierno federal no tiene el poder de obligar a todas las empresas a obligar a sus empleados a vacunarse contra el COVID *a menos que*

la empresa reciba fondos de CMS. Al aceptar su dinero, uno se ve forzado a seguir prácticamente todas las reglas que crean los déspotas de DC, a pesar de que el Congreso no haya aprobado ninguna a tal efecto.

7) Los establecimientos de salud generalmente tienen que pagar impuestos, al igual que cualquier otro negocio. Sin embargo, algunos hospitales están exentos de ciertos impuestos federales pues cumplen con criterios determinados:

"un hospital exento de impuestos no tiene que brindar atención gratuita a los pobres siempre y cuando mantenga una sala de emergencias abierta para todos, independientemente de su capacidad de pago, acepte pacientes de Medicare y Medicaid, y tenga un órgano de gobierno independiente compuesto por líderes comunitarios", explica TaxProf. Por lo tanto, observamos claramente que el gobierno federal incentiva a los hospitales a reducir sus impuestos por medio del uso de Medicare y Medicaid. Una vez que los hospitales están enganchados al dinero de CMS, el gobierno tiene una herramienta extremadamente poderosa para controlarlos para siempre. La tasa impositiva federal para las empresas en los estados unidos es del 21% de las ganancias netas. Si un hospital en los estados unidos gana un neto de $1 millón en un año, debe enviar $210,000 a los tiranos en DC, bajo la amenaza de que estos últimos usen el aparato represivo del estado en su contra. Al independizarnos, este dinero quedaría en el hospital. Con ese 21% adicional, se podría optar por reducir los costos para los pacientes, dar aumentos a su personal, comprar nuevos equipos, ampliar sus instalaciones o dar caridad a la comunidad. (Sin los impuestos federales sobre la nómina, las empresas de atención médica ahorrarían aún más dinero, que permanecería en New Hampshire y mejoraría nuestras comunidades).

8) Sin el impuesto federal a la renta, los proveedores individuales (enfermeros, paramédicos, médicos) también ahorrarían alrededor del 15-35% de su dinero cada año. Con cada uno de los proveedores de atención médica, y todos los demás trabajadores, en New Hampshire ahorrando miles de dólares anuales, nos volveríamos instantáneamente más ricos.

9) ¿Qué pasaría con las personas que actualmente reciben asistencia social porque son pobres o discapacitadas? En la República Libre de New Hampshire, la gente trabajaría para ganarse la vida. Cualquier persona con una inteligencia razonable y salud física podría encontrar trabajo fácilmente y mantenerse económicamente produciendo valor real de algún tipo. Según mi experiencia, muy pocas personas que reciben asistencia social tienen una discapacidad tan grave que no les permite realizar alguna labor productiva. Consideraría que las personas están completamente discapacitadas solo si tienen parálisis cerebral severa o un trastorno equivalente (postrados y con un respirador) o si son cuadripléjicos con afasia. El hecho es que cualquier persona con una extremidad funcional o una laringe funcional puede ganarse el pan. En el extremo superior, podríamos imaginar que hay alrededor de 500 personas en New Hampshire que están completamente discapacitadas y

físicamente no pueden trabajar. Esas pocas personas (1 de cada 2700 personas) serían naturalmente atendidas por su familia, amigos, vecinos, iglesias locales o asociaciones benéficas. Este era el caso antes de que el gobierno asumiera el papel de recaudador y dispensador de caridad. Debido a que, a los ojos de quienes se oponen al divorcio nacional los estados unidos serían tan caritativos y generosos como New Hampshire es despiadado, las personas discapacitadas solo tendrían que abandonar el estado y entrar en Massachusetts y la unión se ocuparía de todas sus necesidades.

En el peor de los casos, la gente de New Hampshire haría una colaboración colectiva con algunos dólares de sus ahorros recién descubiertos de alrededor de 20-50k anuales por trabajador para financiar una instalación para los verdaderamente discapacitados. Me comprometo a ser el primero en donar si es necesario. De hecho, probablemente podría financiar toda la instalación multimillonaria sin un centavo proveniente de impuestos.

10) En 2021, se cambiaron las regulaciones federales con respecto a la donación de órganos. Los políticos de DC ahora requieren que los órganos de personas fallecidas que son donantes se asignen a la siguiente persona en la lista de trasplantes dentro de un radio de 250 millas náuticas. Este fue un cambio masivo con respecto a su política anterior, que requería que el órgano fuera a la persona más cercana que lo necesitara y luego se trabajara en círculos concéntricos hacia afuera. Esto les permitía a los donantes de órganos en New Hampshire donar póstumamente sus órganos a sus vecinos necesitados. Ahora, casi todos los órganos de los neohampshireños

fallecidos se enviarán a áreas densamente pobladas como Nueva York, Nueva Jersey y Filadelfia. Si usted o alguien a quien ama en New Hampshire está esperando un órgano, buena suerte esperando detrás de los 14 millones de personas en el área metropolitana de Nueva York. El representante José Cambrils propuso un proyecto de ley para permitir a los donantes de New Hampshire la opción de priorizar a sus vecinos; esta medida salvaría vidas locales en lugar de enviar un órgano en un viaje de cinco horas (lo que también disminuye la probabilidad de éxito del trasplante). No obstante, las fuerzas anti-libertad en DC ya están luchando contra el proyecto de ley y están empeñadas en acabar con él. Este es solo un ejemplo específico de un área de la salud que mejoraría mucho (mejor dicho, totalmente) si nos separamos de los tiranos de DC, que están literalmente empecinados en robar nuestros órganos.

11) ¿Cómo sería la industria de la salud en New Hampshire cinco años después de independizarse?

Nadie podría predecir el futuro, pero tengo algunas ideas: sin impuestos y regulaciones federales, miles de médicos, cirujanos, enfermeros, asistentes médicos, parteras y técnicos de emergencias médicas se volcarían hacia el estado. ¿Por qué no mudarse al estado más próspero y disfrutar de la ausencia de cualquier impuesto sobre la renta? Con la abolición de casi todas las regulaciones sobre dispositivos médicos, muchas empresas de tecnología médica probablemente se trasladarían a New Hampshire desde Silicon Valley, Israel y Japón. Centros quirúrgicos de mercado libre como el SCO probablemente se volverían frecuentes en todo el estado en unos pocos años. Sin barreras federales, podríamos ver un aumento triple en el número de hospitales, lo que llevaría a costos más bajos y una mejor atención. Sin que la FDA y el CDC adoctrinen a nuestros jóvenes y adultos para que vivan a base de jarabe de maíz y televisión de Fauci todo el día, podrían hacer ejercicio al aire libre y disfrutar del sol por un cambio, lo que podría mejorar su salud por múltiples razones. No quiero pretender que la República Independiente de New Hampshire sería un paraíso, pero vivir bajo la bota de los tiranos de DC como Biden, Clinton, McConnell, Fauci y el resto de esos sociópatas se asemeja bastante al infierno. Sabemos que estaríamos MUCHO mejor sin ellos. ¿Qué tan bueno será? ¡Vamos a averiguarlo!

3: Defensa nacional

Sin el gobierno federal, ¿cómo se mantendría a salvo la pequeña República de New Hampshire de las amenazas extranjeras y las potencias mundiales hostiles? Estaríamos viviendo en el país más pequeño del mundo, y no tendríamos el dinero o la mano de obra para un ejército serio, ¿verdad?

Si bien esta es una pregunta válida, la solución es relativamente simple. Lo divido en dos partes:

En primer lugar, les recuerdo a los escépticos que si vamos a discutir las amenazas a nuestra supervivencia, el gobierno es, por gran margen, la amenaza más peligrosa. Los gobiernos fueron responsables por la mayoría de los asesinatos cometidos en la historia de la humanidad. Dictadores como Mao Zedong, Stalin, la familia Kim Jung en Corea del Norte, Castro en Cuba, y Hitler en Alemania son ejemplos claros de este fenómeno, y la lista continúa. Incluso en la unión, los gobiernos locales matan a miles de personas cada año en "tiroteos policiales"; el gobierno federal masacró a muchos adultos y niños inocentes como en el incidente de Waco, Texas, el internamiento de japoneses estadounidenses, y otras atrocidades.

Además, según muchos expertos, el gobierno federal hace que sus ciudadanos estén menos seguros en lugar de protegerlos. Los políticos de DC desestabilizan regiones regularmente, enfurecen a poblaciones enteras (matando a menudo a niños inocentes o imponiendo embargos a extranjeros crédulos), y entregan a menudo miles de millones de dólares en entrenamiento militar, armas y otros equipos a los peores terroristas y regímenes hostiles del mundo. El último ejemplo de este tipo fue el regalo de despedida de 600,000 M16, 2,000 vehículos blindados, 40 aviones, 4,702 Humvees, 162,000 equipos de comunicación y 16,000 gafas de visión nocturna que los políticos brillantes de DC entregaron al Talibán, uno de los grupos terroristas más despiadados. El obsequio se estimó en un valor de más de $ 20 mil millones de dólares, financiado a través de impuestos federales. Sí, los políticos de DC utilizaron el dinero que tanto les costó ganar para comprar armas M16 (que no pueden poseer de acuerdo a regulaciones federales) para los combatientes talibanes. No debemos olvidar que el grupo terrorista más infame de la última década, ISIS, fue creado por el gobierno federal. Los políticos de DC encomendaron entrenar y financiar a grupos de insurrectos; luego descubrieron que esos rebeldes estaban lejos de ser santos y que pronto se convertirían en ISIS y otros grupos terroristas.

Es difícil afirmarlo con certeza, pero muchos creen que el gobierno federal produce un detrimento neto para nuestra seguridad. El ejército de los estados unidos ciertamente puede defendernos de muchos ataques hostiles y actúa como un elemento disuasorio importante para los enemigos, pero arma a menudo a los peores terroristas y oligarcas (incluidos Putin y el PCCh), desestabiliza regiones, hiere a niños inocentes y arruina operaciones defensivas en la patria magníficamente.

Mientras que gobiernos extranjeros teóricamente podrían enviar a sus milicias a atacarnos, nuestro propio gobierno ya demostró que puede hacerlo y lo hará. De hecho, casi todos los que se oponen a permitir que los ciudadanos de New Hampshire voten por la independencia citan como una de las razones principales por las que no deberíamos separarnos pacíficamente de DC el hecho de que el ejército estadounidense podría y debería entrar en tanques, y matarnos a todos.

No se equivoque; a los gobiernos autoritarios hostiles como China, Rusia, Irán y otros seguramente les encantaría matar a cualquier estadounidense vulnerable. Su objetivo es debilitar la cultura occidental (que aún persiste, aunque haya sido debilitada) de libertad personal y económica. Entonces, ¿cómo se defendería la República Independiente de New Hampshire del ejército chino?

Como mencionamos anteriormente, las guerras en la era moderna por lo general no son físicas. Esto es porque:

1) los ciudadanos del mundo han comenzado a adoptar en gran medida una postura cortés y pacífica que promueve que los humanos coexistan sin matarse unos a otros y

2) las armas que poseen las grandes naciones son tan devastadoras que los daños colaterales harían contraproducente a casi cualquier ataque. Cualquier bomba nuclear mataría o dañaría severamente a toda América del Norte, y causaría lesiones a aproximadamente todos los humanos en la Tierra. Si China fuera a atacar un estado, trataría de apoderarse de él y utilizar sus recursos,

¿verdad? Si estalla todo el estado, sería relativamente inútil para el atacante, y acabaría asesinando a sus posibles trabajadores (o esclavos).

El ataque más efectivo sería aquel que capture los recursos y/o personas del estado. A los chinos les encantaría apoderarse de nuestros negocios y propiedades, y esclavizar a las personas que viven aquí. Para lograr su cometido, su milicia tendría que invadir al territorio físicamente. Aunque estuvieran bien equipados y entrenados, enfrentarían una resistencia tremenda, como se mencionó anteriormente. Los ciudadanos de New Hampshire disfrutarían de la ventaja de batallar en casa y de la descentralización total, lo que daría lugar a un enfrentamiento bélico de guerrillas. No habría dos unidades con las mismas tácticas o equipos. No habría un "comando central" para adquirir. Casi todos los ciudadanos tendrían un AR-15 o un rifle de largo alcance, y también habría tanques y otros equipos militares poderosos para la defensa. Recuerde, New Hampshire ya tiene un ejército. Se llama 'Guardia Nacional', y es el ejército del estado. Los tiranos de DC (especialmente Teddy Roosevelt) han destruido por completo el vínculo entre la Guardia Nacional y sus estados. Para la Segunda Guerra Mundial, la Guardia Nacional era esencialmente parte del ejército de los estados unidos y se desplegó en el extranjero, lo que provocó la muerte de 175,000soldados de la milicia estatal. Hoy en día, prácticamente no hay diferencia entre los miembros de la Guardia Nacional y los soldados estadounidenses. Nuevamente, esta es una razón más por la cual debemos recuperar nuestra soberanía antes de que sea demasiado tarde.

Los miembros de la Guardia se han entrelazado tanto con el ejército de los estados unidos que han recibido el mismo entrenamiento, gran parte del cual se centra en "simplemente seguir órdenes" sin hacer preguntas a los superiores: ¡no hay tiempo para cuestionar las órdenes en medio de una batalla! Si New Hampshire decidiera retirarse pacíficamente de la unión y gobernarse a sí mismo, no sabemos con seguridad si la Guardia Nacional permanecería leal al estado y protegería a sus ciudadanos, o lucharía en nombre de los políticos de DC, demostrando que los secesionistas más pesimistas tenían razón en el debate sobre la soberanía estatal.

Preferentemente, los Guardias permanecerían leales a sus vecinos. De no ser así, naturalmente levantaríamos nuestras propias milicias organizadas y semi-organizadas.

Los soldados chinos tendrían que ir de puerta en puerta matando a todos y cada uno de los 1.4 millones de ciudadanos de New Hampshire, muchos de los cuales están muy bien armados.

Además, es posible que para ese entonces el estado ya tenga una alianza militar con Vermont, Maine, Massachusetts y, posiblemente, con el ejército estadounidense (si la secesión terminara amistosamente). Por supuesto, cuantos más aliados tuviera el estado soberano, más fuertes serían sus capacidades defensivas, y menos probable sería que cualquier ejército extranjero se arriesgara a invadir.

"¿Qué ocurriría con los ciberataques? China ya está involucrada en esa guerra, ¿no es así?"

Sí. Es muy probable que China y otros gobiernos extranjeros estén luchando actualmente contra nosotros en el ámbito de la seguridad cibernética. Seguramente espían a todos los gobiernos estatales del planeta (al igual que el gobierno federal), y no solo no confío en ellos, sino que no confío en ningún otro gobierno. Sin embargo, este problema existe actualmente y no es un problema que crearía la secesión. ¿Estaría una república soberana en mejor o peor posición para lidiar con los ciberataques de gobiernos extranjeros?

Una vez más, la descentralización nos responde a esta pregunta. Como nos enseñó Jacob, *"no pongas todos los huevos en la misma canasta"*. Actualmente, los políticos de DC no nos están favoreciendo en lo más mínimo. Nuestros gobernantes brillantes nos dejan altamente vulnerables a los ataques cibernéticos. ¿De qué manera? Si China quiere tomar el control de los estados unidos, y por lo tanto, de toda su gente, todo lo que necesita hacer es piratear una red informática ubicada en Washington DC. Debido a que el gobierno de DC tiene enormes cantidades de datos (Seguro Social, certificado de nacimiento, salarios, impuestos, dirección, altura, peso, raza, relaciones, etc.) sobre todas y cada una de las personas en la unión, todos somos extremadamente vulnerables ante ataques cibernéticos por parte de un gobierno hostil o terrorista. Si cada uno de los 50 estados fuera soberano, como pretendían los fundadores, China tendría que piratear 50 computadoras centrales para obtener acceso a los mismos datos (o inyectar malware). Si nos descentralizáramos aún más, a condados, ciudades y, finalmente, a individuos, ¡China tendría que lanzar 330,000,000 de ciberataques individuales exitosos para dominarnos tecnológicamente! ¡ESE es el poder de la descentralización!

Sin embargo, un New Hampshire soberano estaría en una posición aún mejor que la mayoría de los estados. Un número increíble de nuestros residentes trabaja actualmente en programación y/o seguridad cibernética. También tenemos una de las tasas de uso de criptomonedas per cápita más altas del mundo. Una vez que se levantaran todas las regulaciones federales, New Hampshire se volvería aún más próspera, resistente cibernéticamente, independiente, imposible de rastrear e incontrolable.

Nuestra política exterior probablemente sería similar a la de Suiza. Seríamos neutrales y nos ocuparíamos de nuestros propios asuntos. Ciertamente no nos entrometeríamos en batallas en Siria, Ucrania y Cuba. Este sería un cambio bienvenido para nuestros ciudadanos después de décadas de sufrimiento bajo un gobierno que los obligó a financiar guerras, batallas y operaciones militares en 196 países de todo el mundo.

Respecto a las finanzas, tendríamos mejores noticias. Actualmente New Hampshire envía $15.3 mil millones de dólares anuales a DC; estos últimos envían $3 mil millones al estado para su presupuesto, más una cierta cantidad de dinero para el bienestar de las personas, más algunas subvenciones a los gobiernos locales (como los fondos para que la policía opere los puntos de control de sobriedad, drones y BEARcats). La estimación más alta de la cantidad de dinero que DC devuelve a NH en total es de 14,900millones de dólares, que es 314 millones de dólares menos de lo que les enviamos. Gran parte de ese dinero es Medicare, Medicaid, Seguro Social, TANF, SNAP, HUD, WIC y otros programas de asistencia social. Individualmente, cada uno de nosotros ahorraría alrededor del 20-30% de nuestros ingresos una vez que ya no tengamos que pagar impuestos federales sobre la renta. Todos los dueños de negocios también disfrutarían de preservar un 21% más de sus ingresos. Todos los demás impuestos federales tampoco existirían más en New Hampshire. Pero los ahorros fiscales palidecerían en comparación con los ahorros de la nueva regulación. Actualmente, el número inconmensurable de regulaciones federales le cuesta a la economía de la unión mucho más de $2 billones anuales. Sin regulaciones onerosas, la República de New Hampshire probablemente se convertiría en la nación más próspera sobre la faz de la Tierra y por mucho. Tenga en cuenta que ya tenemos el promedio de ingreso familiar más alto del país. Sí, podríamos financiar un buen ejército fácilmente. Por lo tanto, estaríamos lejos de ser el país más débil del mundo.

¿Sería New Hampshire el país más pequeño del mundo?

New Hampshire tiene 1.4 millones de habitantes mientras Mónaco y Liechtenstein, dos países totalmente legítimos, ambos tienen menos de 40,000habitantes. Gibraltar tiene menos de 34,000 habitantes, Groenlandia tiene 56,000 habitantes, Granada tiene 112,000, Belice tiene 400,000, e

Islandia tiene 341,000. New Hampshire probablemente estaría empatado con Estonia como el 80º país más pequeño del mundo. Probablemente estaríamos empatados con Qatar en el séptimo lugar en PIB per cápita. La unión estaría en el noveno lugar en el mundo con un PIB per cápita de $59,000. Es difícil predecir nuestro PIB total una vez que seamos independientes, pero podría estar en algún punto intermedio debido a nuestro tamaño pequeño, pero educación increíble, mercado libre y valor ético.

Para aquellos que creen que nuestra economía sufriría porque el gobierno federal impondría un embargo total sobre todo el comercio hacia o desde New Hampshire, tenga en cuenta que un embargo se considera internacionalmente un acto de guerra. Entonces, ¿declararía el gobierno federal la guerra contra los neohampshireños por ejercer su derecho humano natural a una separación pacífica de un abusador? Si fueran tan crueles, solo probarían nuestro punto: son malvados y abusivos.

Asimismo, un embargo sobre New Hampshire no solo buscaría matar de hambre a todos sus habitantes, sino que también aislaría completamente a Maine del resto de la unión. Si bien un embargo es posible, muy poco probable. No obstante, si tuviéramos que vivir con nuestros propios recursos durante algún tiempo, ciertamente podríamos hacerlo.

Abordo en mayor detalle los posibles resultados de un ataque militar por parte del gobierno federal contra los ciudadanos de New Hampshire en 'The Blueprint For Liberty'.

Otro tema que parece difícil de conciliar es el arsenal nuclear que posee el ejército estadounidense actualmente. Sin embargo, puede que, al fin y al cabo, no sea un gran problema. Las dos opciones son las siguientes: las fuerzas armadas de estados unidos se quedan con todas las armas nucleares, o les dan a las fuerzas armadas de New Hampshire aproximadamente una quincuagésima parte de sus armas nucleares. En el peor de los casos, el gobierno federal conserva todas sus armas nucleares. Los ciudadanos de New Hampshire son extremadamente pacíficos y no muy paranoicos. Entendemos que existe una probabilidad de casi cero por ciento de que el gobierno federal use armas nucleares en New Hampshire o en cualquier otro lugar dentro de un radio de mil millas del continente, porque tal acción mataría o lesionaría gravemente a cientos de millones de personas, incluidos los políticos de DC.

Si vamos a comparar el daño potencial de las amenazas nacionales y extranjeras con respecto a la independencia, debemos abordar otra realidad muy importante: ¡en el presente, la amenaza mayor para los ciudadanos comunes es el gobierno federal! Ellos son los criminales que nos hieren. Ellos son la amenaza más grave. Regularmente roban nuestro dinero, nos espían, abusan de su poder, nos controlan y nos amenazan. Si vamos a hacer un análisis de costo/beneficio de la separación, también debemos considerar que la amenaza mayor individual a nuestra seguridad, libertad y propiedad sería eliminada si nos separáramos de forma permanente.

En una nota algo relacionada, me gustaría responder a una de las objeciones más comunes a la separación pacífica de DC. "¡Los soldados lucharon y murieron para preservar la unión! ¡Dividir la unión deshonraría su memoria y haría que sus sacrificios fueran en vano!" Si los soldados murieron por algún principio noble, seguramente fue por la libertad humana, no por la continuación perpetua de una unión monstruosa de semi estados controlada centralmente, independientemente de la tiranía y el descontento social. Los soldados sacrificaron sus vidas para que pudiéramos tener la libertad de vivir como nos plazca, con libertad de expresión y derechos a la portación de armas, propiedad, debido proceso y todos los demás tipos de libertad. Los políticos de DC están destruyendo cada vez más esas libertades y violando nuestros derechos naturales. Cualquier soldado que apoye la libertad seguramente debe apoyar separarse de los tiranos más peligrosos para usted y para mí. De hecho, ¡el NH Independence PAC se formó espontáneamente en el verano del 2022 por dos residentes a favor de la secesión que resultaron ser veteranos!

4: Policía

¿Cómo sería la aplicación de la ley en la República de New Hampshire?

Un amigo mío me hizo esa pregunta el día de la audiencia histórica sobre CACR32, la legislación que colocaría la cuestión de la independencia en el boleto electoral si fuera aprobada por la legislatura. Ella apoya la libertad y la independencia del estado, pero estaba seriamente preocupada de que no tuviéramos policía si cortamos los lazos con DC.

La respuesta a la pregunta es bastante simple: cuando New Hampshire se separe, la policía operará exactamente como lo hace ahora. En realidad, habría algunos cambios mínimos cuales harían que la policía en New Hampshire fuera mucho más agradable para los oficiales y los ciudadanos.

Para aquellos que aún no lo saben, la policía estatal de New Hampshire se financia con impuestos estatales, y la policía local se financia principalmente con una combinación de impuestos locales (pueblos y ciudades) y algunas subvenciones del gobierno estatal. Dejar el sindicato no afectaría este mecanismo básico de financiación. Sin embargo, una parte minúscula del dinero utilizado para las operaciones policiales en New Hampshire proviene de DC.

En el 2017, el DOJ envió $500,000 en dinero de los contribuyentes de DC a los departamentos de policía de New Hampshire, supuestamente para ayudarlos a contratar más oficiales.

En el 2019, el DHS envió $75,000 en dinero de los contribuyentes de DC al Departamento de Policía de Portsmouth para que pudieran comprar drones de vigilancia. "Algunos de los drones tendrán una cámara potente con zoom de 30X, que permitirá que un dron vigile un lugar sin que el sospechoso sepa que está allí, y una cámara termográfica que permitirá a la policía localizar fácilmente a los sospechosos en algunos casos", según se informó. por Patch.com. El Departamento de Policía de Portsmouth ahora tiene ocho drones. ¿Crees que podríamos sobrevivir sin ser vigilados por drones del gobierno? Estoy seguro de que prosperaríamos sin ellos.

En el 2014, el DHS envió $258,000 en dinero de los contribuyentes de DC al Departamento de Policía de Concord para comprar un BEARcat, un híbrido de vehículo tanque de estilo militar. ¿Crees que podríamos sobrevivir sin ser aterrorizados por los vehículos militares del gobierno? Estoy seguro de que prosperaríamos sin ellos.

Todos los puntos de control de sobriedad realizados por la policía en New Hampshire están financiados por "fondos federales de carreteras", según el sitio web del gobierno estatal. ¿Crees que podríamos sobrevivir sin ser violados por puntos de control de sobriedad ilegales y que violan el debido proceso que supondrán necesariamente que todos los conductores están borrachos hasta que demuestren que están sobrios? Estoy seguro de que prosperaríamos sin ellos.

Una vez que New Hampshire rompa los lazos con DC, sería muy poco probable que la policía de New Hampshire trabaje en operaciones conjuntas con agentes federales, como CBP, ICE, FBI, ATF y todas las demás agencias federales. En los últimos años, los policías locales y estatales han trabajado en esfuerzos conjuntos con las fuerzas del orden público federales para llevar a cabo:

1) Puntos de control de inmigración que violan el debido proceso en medio del estado

2) Decomiso de activos que viola el debido proceso (robar propiedad de neohampshireños inocentes sin condenarlos por ningún delito)

3) Una redada masiva de 'the crypto six', un grupo de residentes de Keene acusados de varios delitos federales relacionados con el uso de criptomonedas.

¿Cree que podríamos sobrevivir sin agentes federales trabajando con policías locales y estatales para realizar estas tareas? Estoy seguro de que prosperaríamos sin ellos.

Otro cambio permitiría que los policías rindan cuentas por violar los derechos civiles de los ciudadanos. Actualmente, una doctrina federal llamada "inmunidad calificada" hace que sea imposible demandar a los agentes de policía por violar sus derechos civiles a menos que se pueda probar que sabían que estaban violando un derecho civil que fue previamente establecido por un caso judicial con exactamente el mismo conjunto de circunstancias. El gobierno federal creó la doctrina de la "inmunidad calificada" y luego extendió la protección a los funcionarios del gobierno estatal y local. Una vez que abandonemos el sindicato, esta doctrina ya no protegerá a la policía de rendir cuentas ante los tribunales.

Una vez que dejemos el sindicato, las leyes federales sobre drogas no se aplicarían. La DEA nunca más irrumpiría en la casa de alguien para buscar drogas. La guerra contra las drogas probablemente terminaría de forma inmediata o gradual algunos años después de la secesión.

En un sentido más amplio, casi todas las violaciones del debido proceso tienen sus raíces en DC. Al igual que la confiscación de activos, el dominio eminente (el gobierno que toma su propiedad para "uso público") es una doctrina federal que los políticos de DC extendieron a los gobiernos estatales y municipales. Sin vínculos con DC, desaparecen ambas formas de robo legalizado por parte de la policía.

Además, los agentes de policía de New Hampshire estarían mucho más contentos, lo que los beneficiaría a ellos, a sus familias y a sus comunidades. Además de tener la libertad de no estar obligados a participar en un sistema tiránico, cada policía ahorraría alrededor del 25% de sus ingresos debido a la abolición del impuesto sobre la renta. Teniendo en cuenta que todos los demás impuestos federales (incluido el impuesto del 21% sobre las empresas) y las regulaciones ya no existirían, todas las personas de la sociedad serían mucho más prósperas.

En resumen, nada cambiaría en nuestras operaciones de aplicación de la ley en New Hampshire, excepto que se volvería sustancialmente mejor, menos tiránica y más responsable. Podría aguantar eso.

Prisiones
Todas las cárceles y prisiones dentro de New Hampshire seguirán funcionando después de la secesión exactamente como lo hacían cuando éramos parte del sindicato. Hay una prisión federal de seguridad media y un campo penitenciario federal de seguridad mínima en Berlín, New Hampshire. Solo 587 prisioneros federales en total residen en ellos, según PrisonerResource.com. Es imposible predecir exactamente lo que la policía estatal y/o el fiscal general negociarían con DC, pero estos presos probablemente serían transferidos a otras prisiones federales o a otras prisiones estatales. Ninguno de esos escenarios sería terriblemente difícil o inusual. La única parte de la transición que no puede ser extremadamente rápida y fácil sería que el gobierno del estado de New Hampshire le compre formalmente la propiedad de la prisión federal al gobierno federal. Suponiendo que la propiedad sea propiedad de DC, esta venta puede costarle algo de dinero a New Hampshire. Exactamente cómo irían las negociaciones o qué implicarían es una incógnita. Las penitenciarías estatales y locales continuarían operando como lo hacían antes de la secesión.

Tribunales

Dentro de New Hampshire, existen tribunales federales, estatales y de condado. Los tribunales estatales y del condado continuarían operando como siempre lo han hecho. Los tribunales federales ya no operarían dentro de las fronteras de New Hampshire. El gobierno estatal probablemente le compraría los edificios de los tribunales federales al gobierno federal. Los sistemas de justicia dentro de New Hampshire continuarían procesando delitos como antes. El gobierno federal, los tribunales y los agentes ya no tendrían jurisdicción dentro de New Hampshire. Esto significaría que los delitos federales ya no existirían. A menos que lo prohíba la ley estatal, neohampshireños podrían fumar cannabis mientras compran supresores para sus ametralladoras usando su criptomoneda favorita, si eso es lo que desean.

Servicios como bomberos, agua, basura y otros

Un número sorprendente de personas han expresado su preocupación sobre cómo funcionarían los departamentos de bomberos y otros sistemas municipales una vez que New Hampshire deje el sindicato. Esta es una respuesta tan simple que no podemos dedicar un capítulo entero a responderla. Incluso más que la aplicación de la ley, los departamentos de bomberos permanecerán casi sin cambios. Los únicos cambios potenciales pueden implicar menos regulaciones federales, lo que permite a los bomberos más flexibilidad y libertad. Sin embargo, es probable que la mayoría de los departamentos de bomberos continúen adhiriéndose a las normas nacionales e internacionales de extinción de incendios, porque están regulados por asociaciones no gubernamentales que acreditan a los departamentos de bomberos y porque mantienen seguros a los bomberos y sus comunidades. Puede haber alguna pérdida pequeña y ocasional de subvenciones federales. El cambio mayor probablemente será la eliminación del impuesto federal sobre la renta, lo que permitiría que el bombero promedio de New Hampshire se quede con un 20-30 por ciento adicional de sus ingresos. Es probable que los sistemas municipales, como la recolección de basura, el mantenimiento de agua y alcantarillado, y muchos otros, permanezcan aún sin menos cambios que los departamentos de bomberos.

5: Moneda

Si New Hampshire cortara los lazos con DC y ya no participara de la unión, ¿qué usaríamos como moneda? Mucha gente se ha hecho esta pregunta, y algunos han admitido abiertamente tener miedo de cómo funcionaríamos como sociedad sin usar 'el dólar todopoderoso'.

¿Qué es la moneda exactamente?

Muchas personas viven toda su vida sin pensar mucho en la definición o la historia de la moneda. Explicado de manera simple, la moneda se desarrolló naturalmente como un medio de intercambio para facilitar el comercio entre personas por productos y servicios. La moneda podría considerarse como un recibo, que denota los servicios prestados o el valor almacenado que podría intercambiarse por una cantidad predeterminada de producto o servicio. Sin estos recibos, los empleadores tendrían que pagar a sus empleados con su producto, lo que podría dificultar que el empleado comercie en el mercado. El dinero simplifica y facilita el comercio dentro de una sociedad. El Liberty Block tiene un artículo que detalla la historia de la moneda en los estados unidos desde el 1776 hasta la actualidad. El artículo explica cómo los políticos extrajeron el valor de nuestro dinero.

Antes de que los políticos y banqueros corruptos se embarcaran en su proyecto conjunto en el siglo XX, los dólares en estados unidos representaban oro real, que el gobierno federal estaba obligado a otorgar a pedido al "portador del billete". En el 1910, sin embargo, en una reunión secreta entre banqueros y políticos que estaban involucrados en la "regulación bancaria", se creó un cartel bancario que sería asociado y apoyado por el gobierno federal. Tres años después de elaborar su plan, estos autoritarios aprobaron la Ley de La Reserva Federal. La Reserva Federal es un banco que podía prestar dinero inexistente al gobierno federal, para que este último lo gastara. Naturalmente, esto provocó una inflación masiva. El autor del libro 'la criatura de Jekyll Island' explica cómo la inflación beneficia al gobierno y a los bancos grandes mientras perjudica a los ciudadanos.

En 1933, el presidente Franklin D. Roosevelt criminalizó la tenencia de oro y exigió que todos los estadounidenses entregaran su oro a la reserva federal (cuya junta es seleccionada por el presidente de los estados unidos). Esto inició la transición autoritaria y corrupta que se alejaba del patrón oro que había respaldado al dólar. Ahora que la reserva federal -la empresa conjunta entre el gobierno de los estados unidos y los banqueros más poderosos de la época- poseía casi todo el oro de la unión, podemos afirmar que FDR realmente clavó una daga en el corazón de la moneda estadounidense. En el 1934, el Presidente Roosevelt declaró que el oro costaría $35 la onza. Por primera vez, el gobierno había fijado el precio del oro al dólar, impidiendo que el mercado libre descubriera y fijara el tipo de cambio. Desde entonces, no hemos tenido nada parecido a un mercado libre en los estados unidos. Este presidente socialista le mostró al pueblo estadounidense el ejemplo más simple de control autoritario de la moneda por parte del gobierno. Y sus aduladores continuaron reeligiéndolo una y otra vez. El gobierno federal continuó empoderando a la reserva federal y continuó consolidando su asociación con el cártel bancario. En el 1971, el presidente republicano Richard Nixon sacó oficialmente al dólar del patrón oro, poniendo los clavos finales en el ataúd de la moneda nacional de estados unidos.

El gobierno de los estados unidos admite fácilmente que hoy tendría que gastar más de $2580 para comprar los mismos bienes que compraría con solo $100 en el 1913. Esto se traduce en una tasa de inflación de más de 2500% desde el establecimiento de la reserva federal en el 1913. Si abres tu billetera y miras esos billetes de papel, notarás que dicen 'billete de la reserva federal'. Si miras los proyectos de ley anteriores a la creación de la reserva federal, esa frase no existe. En su lugar, puede encontrar frases como 'certificado de plata', 'billete de los estados unidos', 'dólares', 'moneda de oro' y 'billete del tesoro', según la época.

Un número cada vez mayor de estadounidenses se está dando cuenta de que el valor de los billetes de la reserva federal decrece con cada día que pasa. La inflación actual está entre el siete y el 20 por ciento anual, y es probable que continúe acelerándose en los próximos años.

Entonces, la moneda de los políticos de DC es todo menos 'poderosa'.

Dicho esto, una vez que abandonemos la unión, los neohampshireños probablemente encontrarán que la elección de la moneda no será un problema. Tendríamos muchas opciones. Podríamos seguir usando dólares, porque nada nos impediría seguir haciendo lo que hemos estado haciendo toda nuestra vida. No hay razón para creer que nuestra legislatura aprobaría repentinamente una ley que prohíba el uso de dólares. Las personas en países de todo el mundo usan el dólar, y no hay ninguna razón por la que no podamos hacerlo, independientemente de si permanecemos en la unión o no.

Para aquellos que prefieren usar dinero cuyo valor no disminuya constantemente, el oro y la plata son geniales, y ya se usan con bastante frecuencia en New Hampshire. Muchas empresas e individuos intercambian regularmente "goldbacks", una especie de billetes que contiene oro real dentro de ellos. Además, parece que las criptomonedas se usan más ampliamente en New Hampshire que en cualquier otro estado de la unión. En caso de tener que abandonar el dólar, no sería tan doloroso ni tan radical como la gente podría imaginarse, pues contamos con una infraestructura excelente de monedas alternativas. Simplemente no sería un problema.

Este billete contiene 1/1000 parte de una onza de oro real 24k. Se llama 'el goldback'.

6: Viajes interestatales

"Una vez que New Hampshire se separe, ¿podremos viajar a otros estados?"

Esta es una pregunta ciertamente legítima. Muchas personas temen razonablemente que una vez que cortemos los lazos con DC, no puedan viajar a otros estados por trabajo o placer. Muchos ciudadanos de New Hampshire trabajan en Massachusetts, Maine y Vermont. Muchos también viajan a otros estados para ver a la familia o de vacaciones. Si la secesión significara que los ciudadanos quedarían atrapados en New Hampshire para siempre o que sería extremadamente difícil viajar a otros estados, sin duda sería una razón para apoyar poco o nada la secesión.

Si bien no es posible predecir el futuro o garantizar ningún resultado político, podemos estar bastante seguros de cómo se desarrollarán los viajes interestatales una vez que New Hampshire corte los lazos con los políticos de DC. Al igual que con todas las líneas interestatales, ambos lados tienen derecho a controlar la frontera. Dirijámonos a New Hampshire y a la unión:

New Hampshire
El estado está cada vez más dirigido por libertarios, especialmente en cuestiones relacionadas con las fronteras. Para cuando ocurra la secesión, la mayoría de la legislatura y el electorado probablemente será libertaria, al menos en cuestiones fronterizas. En las últimas

décadas, los progresistas se han vuelto más audaces en su postura anti frontera. Por lo tanto, los progresistas en la legislatura ciertamente respaldarían una política de fronteras totalmente abierta con la unión. Si creen que no debería haber una frontera que separe a los estados unidos de México o Canadá, seguramente no querrían ninguna frontera que separe a Vermont, Maine y Massachusetts de New Hampshire. Los republicanos en la legislatura gobiernan cada año más como libertarios, y la mayoría de ellos parecen ser bastante liberales en temas fronterizos. Teniendo en cuenta su apoyo al comercio libre y la prosperidad, podemos suponer con seguridad que no construirían un muro ni implementarían fuertes controles de inmigración en las fronteras de New Hampshire. Una vez que mencionaran que hacerlo les costaría dinero a los contribuyentes, la base impositiva ultra frugal probablemente rechazaría la propuesta. Los moderados en la legislatura también parecen ser bastante liberales en la política fronteriza. También parece poco probable que apoyen controles fuertes de inmigración con los estados de la unión. En resumen, habría poco o ningún deseo de bloquear los viajes a cualquier parte de la legislatura de New Hampshire.

La unión

Los estados unidos y DC están cada vez más controlados por progresistas. Uno de los sellos distintivos de la ideología progresista es la creencia de que las fronteras no deberían existir, pues no son más que una construcción moderna relacionada con el autoritarismo y el racismo. La mayoría de los estados están dirigidos por progresistas, especialmente en las políticas fronterizas. Los republicanos moderados en DC también apoyan las fronteras abiertas y, por lo general, no se oponen a las políticas demócratas. Los centristas de ambos partidos apoyan las fronteras abiertas. Los pocos conservadores en el Congreso que apoyan controles fronterizos de moderados a fuertes están disminuyendo en número y fuerza. Y es poco probable que esos conservadores apoyen políticas que ahoguen al estado libertario-conservador de New Hampshire. Asimismo, bloquear los viajes desde New Hampshire significaría bloquear o restringir severamente los viajes desde todo el estado de Maine. Sería muy difícil imaginar que el Congreso bloquee los viajes hacia y desde Maine y New Hampshire. Teniendo en cuenta que el gobierno federal y casi todos los estados de la unión han estado apoyando cada vez más la libertad de movimiento en todo el mundo, bloquear los viajes desde New Hampshire denotaría una hipocresía tan profunda que ni siquiera los políticos lo respaldarían.

¿Cómo sería la vida diaria de los residentes de Mánchester que viajan a Boston todos los días por trabajo?

Probablemente no habría restricciones desde el lado de la frontera de New Hampshire. Además, los progresistas que gobiernan Massachusetts y Boston han dejado en claro que no creen en las fronteras, por lo que no podrían restringir el viaje de los trabajadores hacia y desde el trabajo. Sería difícil imaginar alguna restricción para los residentes de New Hampshire. Viajar a Vermont o Maine probablemente tampoco tenga restricciones, y viajar por placer probablemente sería tan fácil como viajar por trabajo. Si bien las placas de New Hampshire ya no serían placas de "estados unidos", el escenario más probable supondría que el gobierno federal y otros estados respetarían la licencia de los conductores de New Hampshire, tal como lo hacen con los conductores de Canadá. Actualmente, los conductores con licencias y placas de Ontario, Quebec y todas las demás provincias canadienses pueden conducir por los estados unidos sin problemas, y viceversa.

Del mismo modo, los residentes de los estados de la unión tendrían la libertad de viajar a New Hampshire con la frecuencia que deseen. Me cuesta imaginarme la idea de que alguien los detendría. Somos muy acogedores y nos encanta cuando la gente visita nuestro estado, especialmente si están gastando dinero aquí.

"¿Cómo se verían afectados los viajes aéreos una vez que New Hampshire sea independiente?"

Muchos habitantes de New Hampshire confían en el servicio de aerolíneas para llevarlos a destinos lejanos, ya sea por negocios o por placer. Exploremos cómo los viajes aéreos podrían verse afectados por la independencia.

En primer lugar, es importante comprender que muy pocas cosas serán notablemente diferentes desde la perspectiva del viajero. Si tiene una aerolínea favorita, como Southwest o Delta, aún podrá usar sus millas bien ganadas y viajar en esas aerolíneas. En New Hampshire, tenemos dos aeropuertos grandes que ofrecen servicio de aerolíneas: el Aeropuerto Regional de Mánchester y la Base Pease de la Fuerza Aérea, los cuales ofrecen una selección de boletos de una docena de aerolíneas. En este caso, nada sería diferente cuando compre su boleto, siempre y cuando estas aerolíneas sigan operando en estos aeropuertos. Si alguna vez has volado internacionalmente, entiende el proceso y es bastante simple.

La historia nos dice que una regulación menor de las aerolíneas se traduce en una competencia mayor y una disminución en los precios de los boletos. Antes de la Ley de Desregulación de Aerolíneas del 1978, la Junta de Aeronáutica Civil (CAB) controlaba cómo operaban las aerolíneas. "Según el sistema de la Junta de Aeronáutica Civil, se suponía que las rutas se adjudicarían entre los transportistas existentes en función de las necesidades percibidas de las comunidades y ciudades que requerían el servicio. . . Este [control] produjo un sistema que no estaba diseñado para ser rentable, pero era estable".

Dado que las rutas tenían que ser aprobadas por la Junta de Aeronáutica Civil, muy pocas, si es que alguna, fueron aprobadas. El otro problema fue que la Junta de Aeronáutica Civil fijó tarifas y tarifas demasiado altas para que muchos ciudadanos promedio las pagaran. La reorganización inicial y las conversaciones sobre la desregulación comenzaron a principios de la década del 1970 con el economista Alfred Kahn. La experiencia de Kahn como economista se hace eco de su comprensión de que debemos ver a las aerolíneas como una estructura comercial, en lugar de como una empresa de servicios públicos controlada centralmente por los políticos de DC. Pensó que si rompíamos la estructura de la industria de las aerolíneas, surgirían nuevas aerolíneas, lo que, a su vez, reduciría las tarifas y aumentaría la competencia. Incluso antes de que se aprobara la ley, Kahn atacó la regulación de las aerolíneas para crear algo tan cercano a la desregulación total como lo permitiera la ley existente. . . "Vamos a tener los huevos de las aerolíneas tan revueltos que nadie podrá descifrarlos".

Los estados unidos ofrecen hoy el Acuerdo de Cielos Abiertos para aerolíneas internacionales, que entraría en vigor volando desde la unión a New Hampshire. Según el Departamento del Estado, los acuerdos de "Cielos abiertos" son acuerdos de servicios aéreos bilaterales que el gobierno federal negocia con otros países para otorgar derechos a las aerolíneas de ofrecer servicios aéreos internacionales. Están a favor del consumidor, la competencia y el crecimiento, e incluyen obligaciones recíprocas para eliminar la interferencia del gobierno en las decisiones de las aerolíneas comerciales sobre rutas, capacidad y precios. Este efecto reduce los precios generales al consumidor mientras mantiene la eficiencia y facilita el crecimiento económico. La negociación entre rutas internacionales se vuelve más sencilla con los acuerdos de Cielos Abiertos.

George W. Bush organizó el Departamento de Seguridad Nacional, lo que condujo a la creación de nuestra querida Administración de Seguridad del Transporte (TSA). Cualquiera que haya volado en una aerolínea comercial conoce los dolores de la seguridad aeroportuaria "nueva y mejorada" y las largas filas y las violaciones corporales que la acompañan. Antes del 11 de septiembre del 2001 y la creación de la TSA, la seguridad generalmente involucraba un detector de metales, y su familia y amigos podían ingresar al área de la puerta para despedirlo. Atrás quedaron los días de decir adiós sin que estos agentes y máquinas violaran su espacio personal y tomaran como rehenes su botella de agua o su cortauñas. Es interesante señalar que los aeropuertos no están obligados a contratar la TSA nacional. Nuestros aeropuertos podrían emplear sus propias empresas o sistemas de seguridad si así lo prefieren. Sin embargo, el gobierno nos cobra impuestos por la TSA de todos modos, por lo que utilizar su servicio de seguridad es una decisión inteligente desde el punto de vista financiero.

Cuando Joe Biden asumió el cargo en el 2020, hizo obligatorio que cualquier persona en una propiedad federal use una máscara debido a la pandemia de COVID-19 en curso. Este mandato sigue vigente dos años después, lo que significa que cualquier persona en un aeropuerto dentro del sindicato debe cumplir con esta regla. Desafortunadamente, son principalmente las aerolíneas las que hacen cumplir las reglas de máscara, por lo que es poco probable que la independencia de New Hampshire tenga mucho efecto en este fallo. Por otro lado, si hubiera viajes nacionales dentro de la República de New Hampshire, el mandato de máscara ya no se aplicaría. Podemos suponer que lo mismo sería cierto si la vacunación fuera un requisito previo para viajar por aire en los estados unidos.

7: Impuestos y asistencia social

"¿Echaremos a la abuela del hogar de ancianos?"

Esa misma pregunta fue hecha por un legislador estatal durante la histórica primera audiencia pública en un cuerpo legislativo sobre la cuestión de la independencia en al menos 160 años. Si bien puede sonar extremo, es una pregunta razonable.

Muchos ciudadanos de New Hampshire están preocupados por lo que sucederá con las personas jubiladas e incapacitadas en New Hampshire una vez que nos separemos del sindicato. Algunas personas creen erróneamente que todo el bienestar proviene de DC. Es importante tener en cuenta que, si bien algo de la asistencia social proviene de DC, todo el dinero que enviaron a los gobiernos estatales y a las personas primero se lo quitaron por la fuerza a los estadounidenses a través de los impuestos federales. Entonces, en el mejor de los casos, los políticos de DC están robando nuestro dinero y luego devolviéndonoslo (menos los costos de administración y otros gastos). Abordemos los programas de bienestar más grandes:

El Seguro Social es un programa federal que se financia con un impuesto sobre la renta del 6.2% y otro impuesto sobre la nómina del 6.2% (el empleador debe pagar esto a DC cada vez que paga a sus empleados). El Seguro Social por sí solo hace que los políticos de DC reciban $12.40 por cada $100 pagados a los empleados en cualquier parte de los estados unidos. El empleado y el empleador también deben pagar cada uno el 1.45% del impuesto federal de Medicare, lo que hace que el impuesto total sea del 15.3% para el Seguro Social y Medicare. Esto es totalmente independiente del impuesto sobre la renta, que tiene tasas escalonadas que van del 10% al 37%. Si el empleado promedio tiene una tasa de impuesto sobre la renta federal efectiva del 20%, esto significa que los políticos de DC toman el 35.3% de cada dólar pagado a los empleados en el sindicato sólo a través de impuestos sobre la renta/FICA. Tenga en cuenta que todo esto deja de existir una vez que New Hampshire se separe. Teniendo en cuenta que todos los demás impuestos y regulaciones federales desaparecerían, los trabajadores serían considerablemente más ricos después de la separación de DC.

Contrariamente a lo que algunos traficantes de miedo han afirmado durante el debate sobre si colocar la cuestión de la independencia en la boleta electoral, las personas que pagan el Seguro Social tienen derecho a recibir su dinero incluso si se mudan fuera del sindicato. Según SSA.gov, DC no puede enviar cheques del Seguro Social a Corea del Norte o Cuba, por razones obvias. Aquellos que residen en uno de esos países son elegibles para recibir sus cheques una vez que se mudan a otro país.

Medicaid es un programa estatal que está fuertemente financiado por DC a través de dólares de impuestos federales. New Hampshire puede optar por abolir el programa después de la secesión, pero eso sería un tema completamente diferente. La secesión no provocaría la desaparición de Medicaid ni de ningún otro programa estatal.

Es probable que los programas federales como SNAP, HUD, WIC y TANF no brinden asistencia social a los ciudadanos de la República de New Hampshire. Como discutimos en el artículo sobre atención médica, pocos (si es que hay alguno) humanos de edad laboral realmente necesitan asistencia social debido a la incapacidad física para trabajar (amputación cuádruple). Además, cualquier persona que sintiera firmemente su deseo de continuar viviendo en un estado con programas sólidos de asistencia social tendría la libertad de mudarse a cualquier otro estado de la unión para continuar viviendo su vida como siempre lo ha hecho.

Volvamos al caso de 'la abuela en un hogar de ancianos'.

Idealmente, las negociaciones de secesión incluirían una disposición que estipule que todas las personas que pagaron Medicare durante más de dos décadas y que ahora están relegadas a vivir en un hogar de ancianos continuarán recibiendo la misma cobertura de Medicare que recibieron antes de la secesión por el resto de sus vidas. Siendo realistas, estas personas pagaron en el sistema con la expectativa de recibir Medicare y ya no pueden trabajar.

Es posible que los políticos de DC admitan que no les importa dejar morir a los ancianos y que no les importa que acordaron cubrirlos con Medicare que pagaron. Si los políticos de DC cortaran Medicare y otros programas federales de asistencia social a la anciana en el hogar de ancianos, la carga recaería sobre los residentes de New Hampshire. Actualmente, ya somos un pueblo sumamente generoso. Damos cantidades grandes de caridad y pasamos mucho tiempo como voluntarios para ayudar a los necesitados. Una vez que seamos mucho más prósperos debido a la eliminación de todos los impuestos y regulaciones federales, probablemente tendremos un promedio de $20,000 a $80,000 más en nuestros bolsillos cada año. Tenga en cuenta que las regulaciones federales le cuestan a la economía más de 2 billones de dólares cada año. Todos ellos dejarían de existir en New Hampshire, desatando la libertad económica y la prosperidad a niveles nunca antes vistos. Estas personas seguramente contribuirían con suficiente dinero, voluntariado y otros recursos para ayudar a garantizar que la anciana en el hogar de ancianos esté bien atendida.

Es probable que cada persona pueda ahorrar dinero para la jubilación, obtener una pensión de una empresa privada o tener una familia que pueda garantizar que reciba la atención adecuada a medida que envejece. En los peores escenarios en los que una persona no tiene dinero, fondo de jubilación, pensión o familia, los vecinos, iglesias y otras organizaciones de caridad intervendrían y ayudarían. Si bien algunos marxistas afirman que los estadounidenses son súper codiciosos, los hechos muestran que los estadounidenses donaron más de $410 mil millones en el 2018. No es probable que echen a la abuela del hogar de ancianos o que alguien se muera de hambre en New Hampshire.

Muchas personas han expresado su preocupación acerca de que el estado aumente los impuestos para compensar los impuestos federales provocando que desaparezca la asistencia social una vez que nos separemos de DC. Un representante dijo que la secesión es el camino más rápido hacia un impuesto estatal sobre la renta y un impuesto estatal sobre las ventas (New Hampshire actualmente no tiene ninguno). Esta es una preocupación razonable.

¿Qué pasaría si los gobiernos estatales y locales de New Hampshire pudieran continuar brindando todos los servicios que brindan actualmente mientras reducen drásticamente, y posiblemente incluso eliminen, todos los impuestos en el estado?

Hay algunos programas de recaudación de ingresos que el gobierno de New Hampshire ya utiliza:

La lotería

Como todos los demás estados de la unión, el gobierno de NH opera un sistema de lotería. Muchas tiendas en todo el estado venden boletos de lotería del gobierno estatal. Una cuarta parte de los ingresos brutos se destinan al presupuesto estatal para la educación. Este programa ha contribuido con casi $2 mil millones al presupuesto de educación del estado desde su inicio en el 1964. A diferencia de los impuestos que se recaudan mediante la amenaza de violencia o prisión, las personas compran boletos de lotería por su propia voluntad, ¡siempre que lo deseen!

Si el gobierno opera más loterías, mejora su eficiencia o gasta menos dinero cada año, este flujo de ingresos podría financiar una gran parte del presupuesto anual del gobierno estatal.

Cobro por servicio

El gobierno de New Hampshire actualmente opera 82 licorerías en todo el estado. Dado que los precios y los productos son atractivos y libres de impuestos, y dado que la selección es amplia, los consumidores entregan su dinero voluntariamente a las tiendas del gobierno a cambio de licores y vinos. Las tiendas NH Liquor & Wine obtuvieron $160 millones en ganancias en el 2016.

El gobierno estatal de NH y los gobiernos locales operan muchos programas. Estos programas deberían financiarse simplemente cobrando una tarifa por su uso. Esta es la premisa básica de los peajes. Si el gobierno quiere nuestro dinero para un servicio o producto, debe jugar de manera justa como lo hace el resto de la sociedad. Deberían ganarse nuestro dinero.

Bonos

El gobierno federal, los gobiernos estatales y los gobiernos locales solicitan préstamos a los ciudadanos, al igual que los ciudadanos solicitan préstamos a los bancos. Los gobiernos hacen esto vendiendo "bonos". Cuando un gobierno necesita dinero para un proyecto, pide dinero prestado a individuos a una tasa de interés fija. Venden un 'bono' a cualquiera que esté dispuesto a comprarlo. El bono tiene un plazo fijo y una tasa de interés fija. El tenedor del bono recibe pagos regulares de intereses y recupera su inversión principal cuando vence el bono. El gobierno obtiene un préstamo (sin coerción) y el ciudadano prestamista obtiene una tasa de interés predecible sobre su inversión. Todos ganan y nadie es coaccionado. ¿Por qué los bonos no financian totalmente todos los presupuestos gubernamentales? Si la gente cree en el gobierno y/o quiere ayudar a apoyarlo, lo apoyarán financieramente. Si a nadie le gusta o confía en el gobierno... tal vez debería cambiar su forma de actuar.

Publicidad
Además de toda la caridad que brindan los residentes de NH, actualmente se financian voluntariamente al menos tres funciones sociales de New Hampshire.

En asociación con el Departamento de Transporte de NH, el programa 'Adopt-A-Highway' mantiene las carreteras utilizando voluntarios y fondos generados a través de la publicidad. En pocas palabras, las empresas pagan unos pocos cientos de dólares por mes o proporcionan voluntarios para la limpieza a cambio de que el nombre de su empresa se muestre en un letrero a lo largo de la carretera. El negocio recibe publicidad, la carretera permanece limpia y nadie es despojado de su dinero duramente ganado.

Actualmente, Subway, McDonald's, Dunkin Donuts, IHOP, Denny's, Whole Foods, Weight Watchers, AAA, Hampton Inn, Waste Management y muchas otras empresas hacen negocios voluntariamente con Adopt-A-Highway a cambio de publicidad. Evidentemente, estas empresas ven valor en este intercambio. Si no quisieran gastar dinero en el programa, no lo harían. Cuando transferimos nuestro dinero voluntariamente a otra parte, estamos afirmando inherentemente que vemos más valor en el producto o servicio que recibimos que en el dinero que pagamos por él. Cuando gasta un dólar en un café, esencialmente le está diciendo al cajero que quiere más el café que el billete de un dólar. Cuando una de las partes usa la violencia o amenaza con usar la violencia, este intercambio se desequilibra y deja de ser moral.

Las autoridades de tránsito de Nashua y Manchester reciben dinero de las empresas que desean colocar su publicidad frente a cientos de miles de viajeros utilizando los autobuses inteligentemente, las paradas de autobús, y sus sitios web como espacio publicitario. Manchester también alienta a las empresas a 'Adoptar un sitio' en la ciudad.

Las empresas gastan casi $200 mil millones al año en publicidad en los estados unidos. ¿Por qué los gobiernos no querrían recibir su "parte justa" de esa mina de oro? Si ese no es un incentivo suficiente, tal vez la abolición de los impuestos obligatorios, poco éticos e inherentemente violentos podría alentar al gobierno a dar un paso hacia el futuro de la generación de ingresos.

Sin embargo, los gobiernos podrían llevar el concepto de publicidad un paso más allá. Utilizando el mismo modelo de ingresos que millones de creadores de YouTube, podcasters y presentadores de programas de entrevistas, podrían vender anuncios de varias maneras. Si permitieran que YouTube, por ejemplo, albergara sesiones de la Cámara y el Senado todos los días, el gobierno federal probablemente podría ganar miles de millones de dólares al año en ingresos publicitarios debido a los millones de visitas que recibirían esos videos. Si un niño que reseña juguetes en YouTube gana $22 millones al año en ingresos publicitarios, estoy seguro de que el gobierno federal: una colección de las 600 (más como cuatro millones) personas más brillantes de la Tierra podría generar fácilmente unos cuantos mil millones de dólares al año. Tenga en cuenta que el presupuesto anual para todo el gobierno federal es de sólo alrededor de $5 billones al año. Si nuestros "líderes" hicieran un verdadero intento, o si se vieran obligados a hacerlo, podrían reemplazar los impuestos con ingresos pasivos de los anuncios.

Sin embargo, ¡podríamos llevar el concepto un paso más allá! Aunque es posible que ya financiemos a todo el gobierno de los estados unidos. sin impuestos, nuestros funcionarios electos podrían generar un excedente de dinero que se podría dar a los verdaderamente necesitados o a aquellos que han estado pagando $20,000 al gobierno cada año durante décadas. Como hemos aprendido de las vallas publicitarias y algunas ventas de anuncios del gobierno, cualquier espacio que se vea mucho se puede utilizar (alquilar) a los anunciantes por mucho dinero. ¿Por qué las paredes internas y externas de cada edificio del capitolio son completamente blancas? ¿Por qué no generan ingresos pasivos para que el gobierno financie sus servicios? ¿Te imaginas cuánto pagarían Musk o Bezos cada año para anunciarse en propiedades inmobiliarias tan privilegiadas? ¡El gobierno podría poner en oferta cada centímetro cuadrado de su propiedad y recaudar billones de dólares sin impuestos y sin violar el consentimiento de nadie!

"Eso es genial, Alu. Pero el presupuesto estatal es de seis mil millones de dólares cada año. ¡El gobierno de NH nunca podría recaudar tanto dinero voluntariamente!", argumenta el pesimista.

El presupuesto podría recortarse fácilmente en unos pocos miles de millones de dólares si los políticos de NH dejarán de prometer redistribuir el dinero que tanto nos costó ganar a aquellos que eligen no trabajar. Podría recortarse en otros $1.5 mil millones si el gobierno estatal dejará de financiar las escuelas públicas (no se preocupe, los gobiernos locales en NH todavía gastan $3 mil millones por año en escuelas públicas. Poner fin a la redistribución forzosa de la riqueza (bienestar) reduciría otros $500 millones al año con cargo al presupuesto estatal.

En tercer lugar, el gobierno de NH podría recaudar razonablemente $6 mil millones por año utilizando y ampliando los métodos descritos anteriormente. En cuarto lugar, si los ciudadanos sintieran que los políticos están usando el dinero que se les confió de forma adecuada, seguramente lo donarían al gobierno cuando lo consideren necesario. Si estos métodos de generación de ingresos no alcanzan el presupuesto propuesto, ¡no hay nada que impida que los residentes de New Hampshire (que resultan ser los más ricos de la nación) escriban un cheque voluntariamente al gobierno estatal para cerrar la brecha fiscal!

8: Energía

¿Cómo sería la producción y el consumo de energía en un estado independiente de New Hampshire?

Actualmente, los residentes de New Hampshire consumen alrededor de 320 billones de BTU de energía al año. La planta de energía nuclear de Seabrook proporcionó el 59% de la generación neta de electricidad en el estado de New Hampshire en el 2020, según EIA.gov. El resto de nuestra energía se produce a través de carbón, gas, petróleo, energía solar, eólica e hidroeléctrica, y posiblemente de otras formas. A 21 centavos por kW/h, actualmente es uno de los estados donde la energía es más cara. Sin embargo, es aproximadamente el promedio de Nueva Inglaterra. New Hampshire consume más energía de la que produce, lo que lo convierte en un importador neto de energía. Así, algunos pesimistas creen que la independencia es totalmente imposible para New Hampshire.

Primero, debemos abordar las muchas razones por las que un número rápidamente creciente de neohampshireños están apoyando la independencia del sindicato. Entendemos que estamos en una relación brutal y abusiva con los políticos de DC, y el abuso aumenta cada día y no muestra signos de detenerse. Hemos intentado todo tipo de recursos, votaciones, juicios, peticiones y protestas incluidos. Nada ha hecho que los políticos de DC dejen de violar nuestros derechos naturales, desde el derecho de propiedad al derecho a la paz, y desde la privacidad al derecho a la autonomía corporal y al debido proceso.

Cuando alguien está en una relación abusiva, no necesita un plan perfecto a largo plazo para dejar a su abusador. Cuando una mujer está siendo golpeada con saña por su marido, ella huye en la primera oportunidad que encuentra. Puede terminar durmiendo en el sofá de su amiga y comiendo basura durante una semana, pero eso es mejor que sufrir abusos. Cuando hablamos de dejar la relación terrible con los políticos de DC, no debemos comparar un New Hampshire independiente con la utopía. Debemos compararlo con el statu quo. Y actualmente, somos miserables porque nos vemos obligados a pagar 4 mil millones de dólares anuales para financiar nuestro propio abuso.

Regulaciones federales
Una vez que New Hampshire declare su independencia de los políticos de DC, su gente ya no tendrá que preocuparse por las leyes, reglamentos o impuestos federales. Primero, esto significa que cada trabajador en New Hampshire ahorraría alrededor del 15-30% de sus ingresos cada año. Esto les permitiría comprar la misma cantidad de energía, aunque se volviera sustancialmente más cara. Pero no lo haría. Probablemente sería mucho más abundante y mucho más barato. Actualmente, el mayor obstáculo para abrir una nueva planta de energía es la carga regulatoria federal. Si intentara abrir una planta de energía nuclear en New Hampshire en este momento, tendría que cumplir con toda la lista masiva de regulaciones y tarifas descritas por la 'Comisión Reguladora Nuclear' (CRN) del gobierno federal. Algunas de las docenas de tarifas anuales cuestan millones de dólares. Pero esa no es la parte difícil. Debería leer todo el capítulo 1 del Título 10 del Código de

Regulaciones Federales. Teniendo en cuenta que el capítulo 1 (regulaciones de energía nuclear) tiene 199 partes, y cada parte contiene alrededor de 35 000 palabras, podría llevar literalmente una década leyendo todas las regulaciones. Tenga en cuenta que las normas tienen fuerza de ley. Por lo tanto, necesitaría contratar profesionales para leerlo y asegurarse de que su planta cumpla con las muchas regulaciones complicadas. Estos abogados, oficiales de cumplimiento y otros expertos pueden costarle otros pocos millones o incluso miles de millones de dólares al año.

Lo mismo sería cierto para otros tipos de centrales eléctricas. Actualmente, no es posible abrir una planta de energía de gas natural o carbón a menos que tenga el capital tremendo necesario para navegar por la burocracia creada por DC durante el siglo pasado. Entre otras agencias, estas plantas de energía no nuclear están actualmente reguladas por la Agencia de Protección Ambiental (APA) del gobierno federal. Esta agencia también tiene esencialmente regulaciones infinitas que ninguna persona podría leer, comprender y obedecer. Puede requerir varias décadas para que una persona lea todo el Título 40 de las regulaciones federales, que son todas las leyes de la APA. Si desea cumplir con todas las reglas de la APA, es posible que deba contratar a cientos de abogados bien capacitados, oficiales de cumplimiento y otros expertos.

Incluso abrir una nueva central hidroeléctrica sería una tarea extremadamente difícil si vivieras en los estados unidos. Deberá asegurarse de cumplir con las regulaciones establecidas por la Comisión Federal Reguladora de Energía (CFRE) para abrir una planta de este tipo, debe leer el Título 18 de las regulaciones federales y este documento de 37 páginas sobre sus reglas. Es posible que deba contratar algunas docenas de abogados, oficiales de cumplimiento y otros expertos, y probablemente deba mantenerlos en su nómina de forma permanente.

Hay otras formas de producción de energía que New Hampshire podría buscar, especialmente si el gobierno federal se quita del camino.

Diseñado por primera vez en el 1965, un 'reactor de sal fundida' podría producir cantidades grandes de energía de manera eficiente, limpia y segura. Estas instalaciones son pequeñas, modulares y no necesitan estar cerca de una fuente de agua. También utilizan combustible gastado que, de otro modo, se desperdiciaría, y producen paladio como subproducto, y no dióxido de carbono. Como explicó un miembro del Comité de Ciencia, Tecnología y Energía de la Cámara de New Hampshire y la Comisión de NH para el Estudio de la Eólica Marina y el Desarrollo Portuario:

"Los MSR son pequeños y modulares... y son muy seguros. Si ocurre un mal funcionamiento, la sal fundida se endurece y contiene cualquier derrame de radiación. Los MSR no necesitan una fuente de agua como otras tecnologías nucleares y, por lo tanto, pueden ubicarse en cualquier lugar, mucho más cerca de las líneas de transmisión, o proporcionar microrredes para pueblos y áreas rurales remotas... Los MSR usan combustible gastado que, de otro modo, se almacena en instalaciones reforzadas a un costo muy alto para los

contribuyentes. Disponemos de suficiente combustible gastado en NH para generar todas sus necesidades eléctricas durante más de 100 años. No es necesario realizar minería; las cosas simplemente están en las instalaciones de almacenamiento... El combustible gastado no solo sería gratuito, sino que incluso se podría pagar a los propietarios de MSR para que retiren el combustible gastado de los sitios de almacenamiento, eliminando un peligro muy peligroso que tiene miles de años de la mitad -vida. Esta tecnología utiliza el 97% de la energía restante del combustible gastado. Es súper eficiente, a diferencia de otras tecnologías nucleares. El subproducto resultante son metales valiosos como el paladio, que tiene una vida media de radiación de unos 50 años. Se puede almacenar en una instalación mucho menos robusta y, después de 50 años, los metales preciosos son un activo que se puede recuperar".

Sin las onerosas regulaciones del gobierno federal, neohampshireños podrían descubrir que abrir su propia planta de energía nuclear se ha vuelto miles de millones de dólares más barato y años más rápido. Este costo menor y suministro mayor de energía reduciría los precios drásticamente para el consumidor final, lo que lo incluye a usted y a mí. Agregue los ahorros fiscales (no más impuestos federales sobre la renta, impuestos comerciales federales o cualquier otro impuesto federal) a la ecuación, y la perspectiva de la independencia energética se vuelve muy simple de entender para los residentes independentistas de New Hampshire.

Ciertamente, es probable que una vez que cortemos los lazos con los políticos y reguladores de DC, se abrirán múltiples plantas de energía en New Hampshire muy rápidamente.

Si bien algunos detractores ingenuos afirman que sería imposible que New Hampshire reciba energía de (nuevamente) naciones extranjeras, más de $100 mil millones en energía fluyen entre Canadá y la unión anualmente. Actualmente, la energía fluye libremente entre los estados de la unión y Canadá. No hay razón para creer que ningún estado cortaría las líneas de energía si la gente de New Hampshire votará para gobernarse a sí misma. Es muy poco probable que el gobierno de New Hampshire haga tal cosa, porque nuestros legisladores son legisladores sensatos y apoyan el comercio libre y la circulación libre de todos los productos básicos, incluida la energía. Reconocemos la realidad de que, independientemente de la independencia energética, un incidente de demanda máxima podría hacer que necesitáramos energía adicional para satisfacer nuestras necesidades. Del mismo modo, es muy poco probable que los legisladores de otros estados y de DC corten los lazos energéticos con New Hampshire por dos razones. Primero, New Hampshire actualmente produce una cantidad sustancial de energía, lo que podría ayudar a otros estados cuando su demanda alcance su punto máximo. En segundo lugar, cortar los lazos con New Hampshire dañaría a los de Maine incluso más que a los de New Hampshire. Una vez que New Hampshire sea independiente, Maine será un estado no contiguo de la unión (como Alaska y Hawái). Si DC cortara los lazos energéticos con New Hampshire, también estaría cortando los lazos con Maine. Si Maine decidiera permanecer en el sindicato, se vería obligado a obedecer las leyes, los reglamentos y los impuestos federales, lo que significa que estaría en una situación mucho peor que la de New Hampshire. La gente de Maine podría verse obligada a elegir entre morir congelada o separarse del sindicato. Es extremadamente improbable que DC tome una decisión política importante que sería terriblemente impopular, dañina para los ciudadanos estadounidenses y alentaría la secesión.

9: Economía

¿Cómo sobreviviría nuestra economía sin estar en la unión?

Actualmente, New Hampshire parece tener la mejor economía de los 50 estados en la unión, según los ingresos, el desempleo y las oportunidades. El ingreso promedio por residente en el estado "Vive Libre o Muere" es un 20% más alto que el promedio de la unión. El factor limitante más grande es la regulación económica, la mayoría de la cual proviene del gobierno federal. Sin las regulaciones infinitas que matan empleos provenientes de Washington DC, es probable que la economía de New Hampshire se elevara a alturas sin precedentes.

Los agricultores y productores en New Hampshire producen una gran cantidad de maíz, papas, manzanas, jarabe de arce, productos lácteos, ganado y cerdos. Los productos industriales principales de New Hampshire son maquinaria, equipos eléctricos, productos de caucho y plástico. La hospitalidad y el turismo también son componentes importantes de la economía. Los sectores económicos más grandes del estado en el 2018, según su contribución al PIB, son: 15% bienes raíces y alquileres; 13% servicios empresariales profesionales; 12% manufactura; 10% gobierno y servicios gubernamentales; y 9% atención médica y servicios sociales.

La planta de energía nuclear de Seabrook es el reactor nuclear más grande de Nueva Inglaterra y proporciona el

57% de la generación de electricidad de New Hampshire. Aproximadamente el 32% del consumo de electricidad de New Hampshire proviene de fuentes renovables (incluyendo nuclear, hidroeléctrica, eólica y otras fuentes renovables). New Hampshire es un exportador neto de electricidad, exportando 63 billones de unidades térmicas británicas (18 TWh).

Según un estudio del 2013 realizado por Phoenix Marketing International, New Hampshire tenía el octavo porcentaje más alto de hogares millonarios en los estados unidos, con un 6.48% de todos los hogares. En el 2013, New Hampshire también tuvo la tasa de pobreza más baja del sindicato con solo el 8.7 % de todos los residentes, según la Oficina del Censo.

Una vez que cortemos los lazos con los políticos de DC, la economía del estado explotaría en una prosperidad sin precedentes por una gran razón y por una razón masiva. Primero, cada trabajador ahorraría alrededor de $30,000-50,000 por año una vez que ya no existan los impuestos federales. Estos ahorros por sí solos compensarían con creces a los 2-3 mil millones de dólares enviados desde DC al gobierno estatal anualmente. La gran razón por la que prosperaríamos es la regulación. Sin los políticos de DC como nuestros Señores y una vez que ya no estemos obligados a obedecer la inconmensurable cantidad de leyes y regulaciones federales, nuestras empresas tendrían la libertad de hacer lo que las empresas hacen mejor: crear riqueza. Actualmente, las regulaciones federales le cuestan a las empresas estadounidenses MÁS DE 2 BILLONES de dólares al año, según un estudio del

2014. En el 2022, las regulaciones podrían costar a las empresas 3 o incluso 5 billones de dólares al año.

Teniendo en cuenta que New Hampshire tiene 1.4 millones de habitantes, esto equivaldría a un ahorro anual de $10 mil millones para las empresas de New Hampshire. Teniendo en cuenta la naturaleza exponencial del crecimiento empresarial, New Hampshire podría ser más rico por billones en unos pocos años.

Una preocupación que escuché planteada por un lector de Liberty Block fue que si los trabajadores y los contratistas federales necesitarían encontrar nuevos trabajos una vez que New Hampshire se separe de DC y comience a gobernarse a sí mismo. Esta es una pregunta válida.

Nuevamente, no puedo predecir el futuro, ya que no tengo idea de lo que los políticos federales decidirían hacer una vez que New Hampshire rompiera sus lazos con ellos. En el lado del problema de New Hampshire, no puedo imaginar una mayoría de nuestros legisladores apoyando un muro, sanciones o una prohibición contra los trabajadores que se desplazan a los estados del sindicato o que trabajan con contratistas federales. Nuestra legislatura está muy a favor del mercado libre y aún más a favor de la libertad de viajar y de inmigración. Del mismo modo, no puedo imaginar a los políticos de DC (o legislaturas de estados unidos como Massachusetts) construyendo un muro entre ellos y New Hampshire o prohibiendo la circulación libre y trabajo de nuestros residentes. Llevan años pregonando las virtudes de la libertad de movimiento y condenando el concepto de muros y restricciones de movimiento. No podrían impedir que las personas crucen lo que consideran fronteras arbitrarias y sin sentido para ganarse la vida.

Sin embargo, en el probable e imposible peor de los casos de que los políticos de DC impusieran un bloqueo total de todo el comercio dentro o fuera de New Hampshire (que en sí mismo es un acto literal de guerra), aún sobreviviríamos. Puede que no seamos la nación más próspera del mundo si el ejército estadounidense nos prohíbe comerciar, pero sobreviviríamos. Como se mencionó anteriormente, tenemos una economía relativamente completa dentro de nuestras propias fronteras. Tenemos muchas granjas, animales y otras formas de alimentos. Tenemos lagos, ríos y océanos para pescar. Tenemos muchos bosques grandes y muchos animales. Producimos muchos materiales críticos y tenemos un sector tecnológico tremendo, que es cada vez más importante en el mundo actual. Estaríamos bien.

Incluso si el ejército del gobierno federal enviara a todos sus soldados a nuestras fronteras para bloquear el comercio interestatal, no podrían impedirnos por completo que ganemos dinero de otros en todo el mundo. Neohampshireños aún podrían vender todo tipo de productos y servicios virtuales (clases, asistentes virtuales, publicidad, consultoría, edición, video, música, etc.) a personas de todo el mundo siempre que tengan acceso al Internet. Y esas personas podrían pagar a los neohampshireños en criptomonedas, que el gobierno no puede detener sin apagar el Internet en todo el mundo. No hay nada que los políticos de DC puedan hacer con respecto a nuestra prosperidad económica basada en el Internet. Teniendo en cuenta que New Hampshire es una de las capitales tecnológicas y de criptomonedas del mundo, esto es un muy buen augurio para una nación independiente.

Ya abordamos el tema de la moneda y los viajes interestatales en capítulos anteriores.

10: Educación

Una vez que New Hampshire deje el sindicato, ¿cómo sería nuestro sistema educativo? ¿Colapsaría sin fondos y apoyo federales? ¿Sufrirían nuestros estudiantes? ¿Todavía podrían transferirse sin problemas entre universidades en otros estados de la unión?

Estas son preguntas válidas.

Comencemos por echar un vistazo rápido al sistema educativo dentro de New Hampshire:

A partir del 2021, habían 185,000 estudiantes desde prekínder hasta la escuela secundaria. Alrededor de 4,000 estudiantes fueron educados en casa. También habían 189,000 estudiantes universitarios que asistían a las 25 universidades del estado.

El gobierno de New Hampshire gasta más de $2.6 mil millones anuales en educación. El presupuesto anual del gobierno estatal es de $6,500 millones y los municipios agregan sus propios impuestos y gastos para la educación. El fondo fiduciario de educación del estado está financiado por varias fuentes, incluidos $100 millones del sistema de lotería de NH, $300 millones de impuestos a las empresas y $360 millones de impuestos a la propiedad. Además de la financiación estatal, los municipios recaudan $2 mil millones de la parte local de los impuestos sobre la propiedad y utilizan el dinero para financiar sus sistemas escolares administrados por el gobierno a nivel local.

El gobierno federal toma alrededor de $4 billones de dólares por la fuerza de los ciudadanos de los estados unidos anualmente. Cada año, los políticos de DC envían alrededor de $2 mil millones al gobierno de New Hampshire, gran parte de los cuales se componen de subvenciones para la educación.

Cuando DC envía dinero a New Hampshire en forma de subvenciones educativas, exige que todas las escuelas del sistema escolar del gobierno obedezcan restricciones adicionales. Esto se suma a todas las leyes federales en el Título 34 del Código Federal, que llevaría toda la vida leer en su totalidad. Un ejemplo bien conocido del gobierno federal usando la extorsión para convencer a los gobiernos estatales de que obedezcan sus órdenes involucró los estándares "Common Core" para artes del lenguaje inglés y matemáticas. Al momento de escribir este artículo, New Hampshire y casi todos los demás estados han aceptado los estándares federales 'Common Core' porque querían el dinero federal.

Por supuesto, todo el dinero enviado por los políticos de DC a los estados y localidades para gastos de educación se obtuvo gravando a los trabajadores en todo el sindicato.

Años después de su implementación, los estados progresistas como Nueva York aún no pueden educar ni siquiera a la mitad de sus estudiantes de escuelas públicas a un nivel "competente" en matemáticas o artes del lenguaje inglés (las dos categorías que miden) según sus propios datos. Después de dejar su escuela secundaria administrada por el gobierno, solo uno de cada cuatro estudiantes en la ciudad de Nueva York se considera "listo para la universidad", según informa PublicSchoolReview.com. A lo largo de los estados unidos, el gasto público en educación se ha disparado, mientras que el logro educativo real se ha mantenido estable o ha empeorado.

Sin la influencia federal, los estudiantes de New Hampshire tendrían muchas más probabilidades de recibir la educación que sus padres y otros legisladores de New Hampshire decidan que es mejor para ellos. Si cree que los políticos de DC saben cómo educar mejor a sus hijos, no debe apoyar la independencia. Si cree que los padres de New Hampshire pueden y deben ser los principales tomadores de decisiones en la educación de sus hijos, debe apoyar la independencia.

En términos prácticos, es poco probable que la independencia de los políticos de DC detenga el flujo constante de estudiantes a través de las fronteras del estado en ambas direcciones. Es probable que muchos estudiantes sigan viajando desde el sur de New Hampshire para estudiar en Boston y otros lugares, y muchos estudiantes de Massachusetts, Maine, Vermont y otros lugares seguirán estudiando en las universidades de New Hampshire.

Si una persona creyera que este no sería el caso, afirmaría que el gobierno federal anti-frontera de repente bloquearía su frontera norte y prohibiría los viajes hacia o desde la unión. Esto es extremadamente improbable y sería uno de los cambios de política más hipócritas de un gobierno en la historia mundial. El gobierno federal (ambos partidos principales) ha apoyado cada vez más la eliminación total de todas sus fronteras durante las últimas décadas. Y sabemos que la legislatura de New Hampshire ciertamente tampoco cerraría sus fronteras.

Independientemente de los viajes hacia y desde el estado, los estudiantes de New Hampshire podrían continuar sobresaliendo en todos los aspectos de su educación, incluida la universidad y la escuela de posgrado. Dentro de nuestro estado, tenemos 25 facultades, una facultad de medicina, una facultad de derecho y varios otros programas de posgrado. Esto significa que incluso si nuestros estudiantes no pudieran salir del estado por alguna razón, estaríamos bien y aún podríamos producir muchos médicos y abogados.

Quizás el cambio más drástico que ocurriría si New Hampshire declarara su independencia del sindicato sería la tremenda prosperidad de los profesores de educación y los trabajadores de apoyo. Actualmente, los maestros y otros empleados escolares en New Hampshire pagan alrededor del 20-30% de sus ingresos a los políticos de DC bajo la amenaza de la fuerza. Una vez que cortemos los lazos con el gobierno federal, todo ese dinero se quedará en sus bolsillos. Si quiere darle a cada maestro del estado un aumento del 33%, debería considerar apoyar la independencia.

11: Propiedades federales

Los políticos de DC reclaman la propiedad de la tierra en una multitud de lugares en New Hampshire. Esto hace que la separación del sindicato sea un reto, aunque ciertamente no imposible. Como con casi cualquier divorcio, determinar cómo dividir la propiedad es uno de los asuntos más complicados y controvertidos.

El Bosque Nacional de la Montaña Blanca
Una gran área en el centro del estado es propiedad de DC y está controlada por el Servicio Forestal, una división del Departamento de Agricultura del gobierno federal. La masa de tierra se extiende por 1,225 millas cuadradas, aunque el 5.65% reside en Maine. El curso de acción más simple sería que New Hampshire se apropiara de la parte del bosque que se encuentra dentro de sus fronteras. Muchos creen que esto implicaría una transferencia de dinero de New Hampshire a DC. Este puede ser el caso, aunque el asunto es extremadamente complicado considerando la deuda federal, el estado actual de propiedad y custodia compartida, los ingresos del parque y potencialmente docenas de factores más. En el peor de los casos, New Hampshire compensaría al gobierno federal por la tierra. Es probable que este pago no cause ningún problema a New Hampshire debido a su tremenda riqueza y prosperidad, como se explicó en capítulos anteriores. Los mismos conceptos se aplican al Refugio Nacional de Vida Silvestre de Great Bay y cualquier otra tierra dentro de New Hampshire que los políticos de DC se hayan apoderado durante las últimas décadas, por un

proceso que algunos comparan con un robo. Estas áreas también podrían usarse para generar ingresos sustanciales para el gobierno al usarlas de manera creativa.

Afortunadamente, los políticos de DC solo han robado el 14% de la tierra de New Hampshire. Los federales reclaman la propiedad del 28 % de la tierra en los estados unidos, incluido el 98.5 % de Alaska, el 80% de Nevada y más del 60% de Utah e Idaho. En el 2016, Obama robó millones de acres de Nevada y Utah, de un plumazo. En total, Obama se apoderó de 265 millones de acres de tierra y agua, más que cualquier otro presidente.

Prision federal

Hay una prisión federal en New Hampshire y solo alberga a 587 reclusos. El capítulo sobre la aplicación de la ley explica lo sencillo que sería transferir a estos presos a otra prisión federal, lo que sucede con regularidad. Los presos también podrían ser trasladados a la prisión estatal de New Hampshire. También podrían ser liberados. Hay al menos tres opciones viables y razonables.

Tribunales

Solo hay un tribunal federal en New Hampshire. Se llama el "Tribunal de Distrito de los Estados Unidos para el Distrito de New Hampshire". Sólo hay tres jueces en este tribunal. Una vez que New Hampshire es independiente, los jueces pueden ser fácilmente transferidos a otro tribunal de distrito, promovidos a un tribunal de circuito en el sistema federal, jubilados o encontrar un nuevo empleo. Dos de los tres jueces se graduaron de la facultad de derecho hace más de 30 años, lo que significa que probablemente puedan jubilarse con bastante facilidad para cuándo New Hampshire se separe, un proceso que probablemente no se completará hasta dentro de al menos dos años a partir de este escrito. El juzgado federal de Concord podría transferirse al gobierno del estado de New Hampshire. Idealmente, podría volver a comprarse en el Imperio de DC por el mismo precio que pagaron cuando lo incautaron, que sospecho que fue aproximadamente cero dólares.

Oficinas de correo

El gobierno federal actualmente opera 235 oficinas de correos dentro de New Hampshire. Durante la negociación de la secesión, es probable que estas oficinas pequeñas sean transferidas nuevamente al gobierno estatal o local, o subastadas al público. Incluso apoyaría una ley que permitiera al Imperio de DC quedarse con los ingresos de las subastas, especialmente si ayudaría a que el divorcio les resultará más fácil de digerir. Si los políticos de DC eligen vender las oficinas nuevamente al estado, deben esperar que la legislatura les pague lo que pagaron cuando tomaron las oficinas por primera vez. En cuanto al servicio de correo en sí, es probable que New Hampshire ya no opere dentro del sistema del Servicio Postal de los estados unidos.

Naturalmente, el pedido espontáneo garantizaría que múltiples servicios de correo compitieran por su servicio (FedEx, UPS y otros ya lo hacen, y Amazon probablemente podría configurar un sistema eficiente en cuestión de semanas). Esto probablemente llevaría a las personas a poder enviar cualquier cosa por correo a cualquier parte del mundo con el servicio de mensajería de su elección. Si no les gusta el servicio, elegirían otra empresa privada. Si todas las empresas fueran terribles, yo y otros empresarios crearíamos nuestro propio servicio de correo. Tenga en cuenta que esta agencia federal pierde más de $9 mil millones por año y está plagada de corrupción y muchos otros problemas. Decir que el departamento es ineficiente sería una subestimación ridícula. No hay duda de que las empresas privadas podrían (y lo hacen) funcionar mucho mejor que las federales.

Base de la Fuerza Aérea Pease
Esta antigua base de la Fuerza Aérea del militar fue cerrada por el gobierno federal en el 1989. En el 1990, la legislatura de NH redactó una ley que creaba la Autoridad de Desarrollo Pease (PDA), otorgando a la PDA el poder de implementar el plan de redesarrollo de la base con el lote de 3,000 acres.

En el 1991, Pease se abrió para uso civil a través de un Acuerdo de uso conjunto de aeródromos (AJUA) con la Fuerza Aérea de la unión, con un operador de base de campo que ofrece servicios a la aviación general. Se adoptó la zonificación para proporcionar cuatro tipos de desarrollo diferentes: una zona aeroportuaria de 797 acres, una zona industrial aeroportuaria de 448 acres, una zona industrial de 333 acres y una zona empresarial/comercial de 466 acres. Además, se reservaron 781 acres para la protección de los recursos naturales y la mitigación de los humedales. En el 1993, las empresas comenzaron a llegar a Pease, incluidas Lonza Biologics, Red Hook Brewery y Two International Group.

Es difícil determinar exactamente quién es el propietario de Pease. Parece estar dirigido por una junta directiva y por el gobierno de New Hampshire. Probablemente no debería considerarse tierra federal, aunque el gobierno federal puede usar el aeródromo. La navaja de Occam diría que el gobierno federal continuaría disfrutando del acceso a esta ubicación estratégica que sus aviones podrían utilizar después de que New Hampshire abandone la unión. La USAF ya tiene bases de la fuerza aérea en Alemania, Qatar, Italia, Japón, Corea, España, Turquía, Gran Bretaña y posiblemente en otros países. Si los federales pudieran acceder a una base en New Hampshire, no sería exactamente una idea radical.

Independientemente del tipo de tierra federal, las negociaciones integrales que seguramente ocurrirán cuando New Hampshire se separe pacíficamente de la unión aclararán los detalles de qué propiedades van a cada parte. Es poco probable que el mayor desafío relacionado con la independencia sean las dificultades presentadas por el Imperio de DC para anexar tierras en todo New Hampshire durante las últimas décadas. Recordemos que los políticos federales nos han robado el 14% de nuestra tierra. Curiosamente, la ley de New Hampshire prohíbe que el gobierno federal sea propietario de más del 2% de nuestra tierra. Por supuesto, los federales no respetan ninguna ley que limite su autoridad. Tal vez esa sea una de las muchas razones por las que la secesión se ha vuelto tan popular.

12: Constitucionalidad

Muchas veces, una persona interesada en la secesión pregunta si es constitucional hacerlo. Debido a las escuelas controladas por el gobierno ('escuelas públicas'), mucha gente cree que ningún estado puede separarse del gobierno federal porque es ilegal y va en contra de la constitución. Esto es completamente falso. La secesión es legal, constitucional, e incluso si no lo fuera, deberías apoyarla de todos modos.

¿La secesión es constitucional? ¿Importa que lo sea? Al fin y al cabo, la secesión de un gran gobierno, unión, o imperio es raramente considerada "legal" por el propio gobierno. En el 1776, seguramente era ilegal para los colonos rebelarse violentamente y separarse de Gran Bretaña, por lo menos si le preguntas al gobierno británico. Dicha secesión fue violenta, mientras que la secesión de New Hampshire moderno sería pacífica. La primera secesión implicó a colonos rebelándose contra su propio rey, en tanto que la secesión de New Hampshire moderno involucraría un estado, existiendo dentro de una unión a la cual se unió por medio de un contrato que ha sido completamente incumplido.

La legislación que le permitiría a los votantes de New Hampshire emitir un voto en favor de la independencia fue asignada al Comité de Relaciones Federales-Estatales de la Cámara.

Un Representante en el comité ha enviado una carta frenética a sus colegas implorando a los legisladores en el comité oponerse a esta legislación y prevenir a la gente a recibir la oportunidad para votar en la cuestión de independencia.

El Republicano Brodie Deshaies me envió la misma carta cuando le pedí su apoyo para CACR32. Le pedí en múltiples ocasiones si él o algún opositor a la independencia estaba dispuesto a debatirme, y se negó a responder cada vez repitiendo que sus preocupaciones habían sido tratadas en la carta y que no me debatiría. Su carta está adjunta debajo, con mi comentario incluido en respuesta.

Brody: En esta próxima sesión legislativa cada Representante Estatal de NH votará en una enmienda constitucional —CACR32— que pretende convertir a NH en una "nación soberana". Y uso la palabra "pretende" muy explícitamente —leerán porqué más adelante.

Esto significa que los legisladores estatales de NH votarán respecto de los artículos de secesión. Estoy asombrado de que cualquier legislador tenga que escribir una carta sobre este asunto. No obstante, alguien debe explicar por qué los artículos de secesión son temerarios e imposibles.

Alu: Técnicamente, los legisladores están votando por si permitirán a los votantes de NH decidir sobre los artículos de secesión, así que esto no es necesariamente preciso/correcto en su totalidad.

Brody: Primero miremos/evaluemos la logística. El treinta y dos por ciento de los ingresos totales de NH provienen del gobierno federal. Este ingreso financia infraestructura, Seguro Social, Medicare, Medicaid, y otros servicios esenciales de nuestros residentes estatales. Si NH perdiera todos estos fondos, necesitaríamos incrementar inmediatamente los impuestos en ganancias empresariales y tendríamos que crear impuestos en las ventas y los ingresos personales. Incluso aunque dejáramos de ofrecer la mayoría de los servicios mencionados, el costo de la infraestructura por sí solo sería insuperable/inabordable. La secesión mataría la ventaja de NH.

Alu: Este es un mito muy común, y el opuesto es cierto. Ahora mismo, los trabajadores de New Hampshire envían a DC miles de millones de dólares por medio de impuestos federales como impuestos a la ganancia, corporativos, entre otros. Solo 3 mil millones son enviados nuevamente a NH, y los políticos de DC condicionan el uso de cada uno de esos dólares. Al independizarse de DC, el trabajador promedio de NH podría ahorrar alrededor de $20-50k anualmente debido a que los impuestos federales ya no existirían. Tal vez de igual importancia, todas las regulaciones federales -que le cuestan a la economía americana más de $2 billones - ya no existirían más en NH. Esto también generaría que la economía de NH creciera como ninguna economía lo ha hecho en toda la historia humana. De manera conjunta, el descenso radical de impuestos y regulaciones provocaría que nuestra economía se volviera una de las más prósperas del mundo por cantidades extraordinarias. Tengan en cuenta que NH ya tiene el ingreso familiar promedio más alto de la unión.

Brody: La secesión tendría un impacto terrible en la recolección de ingresos estatales. El estado recoge treinta y cuatro por ciento de sus fondos de impuestos empresariales y otro doce por ciento de impuestos en alimentos, hospedaje, y de alquiler. Estos dos impuestos estatales constituyen principalmente nuestra fuente de ingresos y se vería afectada si abandonáramos la unión. Ya no participaríamos del comercio libre dentro del mercado de consumo más grande del mundo. Nuestra economía y nuestros fondos estatales colapsarían, forzándonos a adoptar impuestos a la venta y a la ganancia que destruirían a la ventaja de NH.

Alu: Pocos legisladores o residentes de New Hampshire -si es que los hay- desearían bloquear a vendedores, visitantes, y empresas de cruzar nuestra frontera estatal. El comercio interestatal de hecho continuaría tal como lo conocemos hoy en día. ¿Embargarían los políticos de DC a New Hampshire? No puedo hablar por ellos, pero el embargo es un acto de guerra que castigaría innecesariamente a millones de personas en New Hampshire y en el resto de la unión, sin mencionar que cortaría a Maine de la unión por completo. Si crees que los políticos de DC nos declararían la guerra por irnos...esa es aún una razón más por la cual DEBERÍAMOS irnos.

Brody: Otras naciones no reconocerán a NH como una "nación soberana". Nos convertiríamos en una república ermitaña y destituida. Nadie sería capaz de viajar a nuestro estado -acabando con el turismo, nuestra industria más significativa- y no tendríamos los fondos ni la infraestructura para proteger nuestras fronteras. NH estaría solo y sería vulnerable en un mundo globalizado.

Alu: Nuevamente, ¿en qué basas tus suposiciones paranoicas? A lo largo de los últimos 80 años, 150 naciones pequeñas se han separado de sus países o uniones y prácticamente todas han sido reconocidas por la comunidad internacional. Con eso dicho, nadie sostiene que los regímenes más corruptos, malvados y autoritarios no reconocen países legítimos. Por más que Taiwán sea una nación insular totalmente única e independiente, los políticos al mando de China se niegan a reconocer a Taiwán como estado independiente.

Tan sólo 14 estados diminutos reconocidos por la ONU aceptan a Taiwán como estado independiente. Sin embargo, los taiwaneses se mantienen prósperos, patrióticos y a salvo (su única amenaza son los políticos chinos). De hecho, en el 2021, Bloomberg Media nombró a Taiwán como el lugar #1 del mundo para vivir para los estadounidenses. El ingreso promedio en Taiwan es de $16,355 y desacredita totalmente el promedio de China que ronda los $4,246. De no ser por las pandillas gubernamentales, el comercio libre le permitiría tanto a los taiwaneses como al resto de los humanos en la tierra ser mucho más prósperos.

Brody: Sin mencionar que los oficiales federales con el apoyo de la milicia estadounidense, la milicia mejor financiada y preparada del mundo, nunca permitirían la secesión de NH, los soldados hacen un juramento a las constituciones de los estados unidos y NH. Están obligados a proteger la "unión perpetua" que establece nuestra constitución nacional. Esto es parte del principio de "alistamiento doble" bajo el cual las personas anotadas en las unidades de milicia estatal (Guardia Nacional) pertenecen simultáneamente a la Guardia Nacional de los estados unidos. Por lo tanto, cuando las unidades de la Guardia Nacional son llamadas a servicio activo a nivel federal, los guardias son relevados de su estatus en la milicia estatal. La Guardia Nacional de NH ayudaría inmediatamente a las tropas federales a retomar control sobre cualquier NH pretenciosamente "soberano".

Alu: Ya aludí a este tema previamente, pero si tu mejor argumento en contra de abandonar a una pareja abusiva es que "si tratas de irte, te matará", tienes un argumento terrible. Si yo aconsejara a mi amiga a que dejara a su marido, el hecho de que su marido sea tan violento que tal vez la mate si ella tratara de escapar solo me daría más razones para que se vaya, no para que se quede. Pero él menciona a la sagrada "Constitución", así que enfoquémonos en ella. Para citar literalmente al Representante Deshaies, "Cada Guardia de NH hace un juramento a las constituciones de los estados unidos y NH". Está bien, si la Constitución es tan importante, y si están determinados a obedecerla al pie de la letra, entonces habrían arrestado a cada miembro del congreso que apoyó violaciones de la Constitución. Prácticamente todos los congresistas (sin mencionar a cada presidente, juez y agente federal) apoya al menos cierta forma de regulación de armas, así como también violaciones de la

1ra, 4ta, 5ta, 9na, y 10ma enmienda. Comenzaré a tomar este argumento con seriedad una vez que los soldados estadounidenses empiecen a arrestar a todos en DC por incumplir con la Constitución.

Con respecto a la Constitución de NH, miremos que menciona sobre las rebeliones: "[Art]. 10. [Derecho de Revolución]. El gobierno es instituido para el beneficio común, protección y seguridad de toda la comunidad, y no para el interés privado o emolumento de cualquier hombre, familia o clase de hombres; por lo tanto, siempre que los objetivos del gobierno se hayan pervertido, y se ponga en peligro la libertad pública, y todos los demás medios de la reparación sean ineficaces, el pueblo puede, y por derecho debe, reformar lo antiguo, o establecer un gobierno nuevo. La doctrina de la no resistencia contra el poder arbitrario y la opresión es absurda, servil y destructiva al bien y a la felicidad de la humanidad. -2 de junio de 1784

Brody: NH nunca sobreviviría como una "nación soberana". Puedes decirte a ti mismo, "por principio, deberíamos abandonar la Unión y ver qué pasa". Pero los artículos de la secesión son inconstitucionales y, por lo tanto, imposibles. Cualquier intento de convertir NH en "nación soberana" es tan solo pretensión, y es ilegítimo.

El primer argumento legal de porqué los estados no pueden llevar a cabo la secesión de la Unión es razonable. El gobierno federal es el único organismo con poder legítimo para admitir estados nuevos y extender o retraer los límites territoriales. En ninguna parte de nuestra

Constitución Estadounidense se le otorga al gobierno federal la facultad de permitir la secesión de ningún estado, ni hablar de permitir que los estados decidan unilateralmente si abandonan a la unión. Nuestra Constitución es bastante clara al respecto (ver Artículo IV, Sección 3). Ninguna constitución estatal ha sugerido que los estados poseen este poder. Las constituciones son contratos implícitos entre ciudadanos que le garantizan a los gobiernos poderes específicos. Sin un poder otorgado explícitamente que permita la secesión, ningún estado podrá separarse jamás.

Alu: Considero que el representante no está estableciendo exactamente el argumento que él considera que plantea. La pregunta se trata de si las personas de New Hampshire tienen el derecho de autogobernarse. Primeramente, el estado entró a la Unión hace 240 años; por lo tanto, ninguna persona actualmente viviendo en New Hampshire tuvo la oportunidad de hacer oír su voz o emitir un voto sobre si les gustaría permanecer bajo el control de los políticos de DC. En segundo lugar, el lector debe entender que "estado siempre ha sido sinónimo de país". De hecho, New Hampshire pasó de ser una colonia británica a un estado autogobernado en el 1776. Más adelante, algunos delegados de New Hampshire concordaron en formar una alianza, formando una unión con otras antiguas colonias, representadas por un gobierno central extremadamente débil. Pensaron que el gobierno central obedecería a la constitución, y sólo serviría para resolver disputas comerciales interestatales y organizar a la milicia. Claramente, se equivocaron; ese gobierno central débil creció hasta convertirse en uno de los regímenes más autoritarios de la historia, y continúa creciendo a una velocidad vertiginosa, cobrando impuestos y abusando a cada individuo en los estados unidos cada día más.

Pero aquí está lo importante: la 10ma enmienda de la Constitución de los estados unidos es muy clara, y dice exactamente lo contrario de lo que afirma Deshaies: "Los poderes que la Constitución no delega a los estados unidos ni prohíbe a los Estados, quedan reservados a los Estados respectivamente o al pueblo". Y la Constitución no delega al gobierno federal el poder de impedir que cualquier estado abandone la unión. Esto significa que el derecho a la secesión ESTÁ permitido por la Constitución de los estados unidos. No estoy seguro de por qué menciona el artículo IV, sección 3, que claramente no dice nada sobre la secesión: *"El Congreso podrá admitir estados nuevos a la unión, pero ningún estado nuevo podrá formarse o erigirse dentro de los límites de otro Estado, ni un Estado constituirse mediante la reunión de dos o más Estados o partes de Estados, sin el consentimiento de las legislaturas de los Estados en cuestión, así como del Congreso".*

Además, el Artículo 1, Sección 10 de la Constitución Estadounidense nombra detalladamente todas las acciones que los estados no pueden realizar. ¿Adivinen qué acción no está en la lista? La secesión.

Brody: Otro argumento yace en la decisión de Texas v. White (1869). de la Corte Suprema. En la decisión mayoritaria de la corte, el presidente del tribunal Salmon P. Chase explicó que la Unión se consolidó durante la

Guerra Revolucionaria entre las colonias. En su decisión escribe que la Unión "fue confirmada y fortalecida...y recibió forma y carácter definidos y sanción de los Artículos de la Confederación... [y] por estos, la Unión fue declarada solemnemente como 'perpetua'". El juez Chase luego dice que nuestra Constitución actual fue "ordenada para formar una Unión más perfecta", que pretendía "transmitir la idea de unidad indisoluble...". Por lo tanto, la Unión nunca podrá ser disuelta. Nuestra forma de gobierno y Constitución se basa en la existencia "perpetua" de la Unión. Sin esta existencia "perpetua", estaríamos desechando a la Unión y, con ella, a la Constitución de los estados unidos.

Alu: Bien, ahora estamos llegando al corazón de su argumento. Él cree que los jueces que se sientan en DC son dioses que pueden interpretar a la Constitución de los estados unidos como lo deseen. Un político con una larga túnica negra en DC no puede reescribir la Constitución, ni tiene el poder mágico para anular el derecho natural al autogobierno o la libertad en general. Me gustaría que alguien le preguntara a Deshaies si obedecería fielmente el fallo de la corte como canon si determinara que ninguna persona en los estados unidos puede poseer un arma de fuego, porque viola la cláusula de "bienestar general" de la Constitución de los estados unidos. En pocas palabras, a mí y a los demás en New Hampshire no nos importa lo que digan las élites en DC. Al igual que a los fundadores, a quienes todos decimos respetar, no les importó lo que dijo el rey. El rey dejó claro que la rebelión era traición; pero los fundadores aún lo hicieron, y todos los estadounidenses ahora celebran su victoria cada 4 de julio.

Nadie siquiera argumentó que era legal separarse de Gran Bretaña. Todos sabían que el gobierno de Gran Bretaña consideraba un crimen irse. Esa era la razón principal para irse, alejarse de los tiranos.

Si la Constitución fuera un contrato (no lo es), entonces habría sido anulada hace mucho tiempo cuando el gobierno la infringió. En el derecho contractual, la premisa más fundamental es que si una de las partes viola el contrato deliberadamente, la otra parte puede optar por romper el contrato. Y el gobierno federal ha violado la Constitución innumerables veces y continúa incumpliéndola cada vez más. Si estamos discutiendo la constitucionalidad de las cosas, entonces diría que, de acuerdo con la Constitución, el gobierno de los estados unidos ya no debería existir.

Brody: El último argumento constitucional es sencillo. No importa si la secesión es ilegal o no. Lo que importa es que la Unión derrotó a la Confederación en la Guerra Civil. Una vez que esto sucedió, se estableció de facto la ilegalidad de la secesión unilateral. La legalidad de la secesión fue respondida en el Palacio de Justicia Appomattox en el 1865 con la finalización de la Guerra Civil. Esto también significa que se han decidido las repercusiones de intentar una secesión unilateral. El gobierno federal debe castigar a los estados y a sus líderes que intenten separarse.

Alu: Ah, uno de mis argumentos favoritos contra la independencia estatal: ¡La ley del más fuerte! *"Cariño, tu esposo puede darte una paliza, matarte de hambre y abusar de ti de cualquier manera, pero la legalidad del divorcio o la separación se resolvió cuando te golpeó hasta dejarte en coma la última vez que intentaste dejarlo. Entonces, solo tendrás que quedarte con él para siempre. Podrías estar bien. Él es más fuerte que tú. Por lo tanto, él tiene razón y tú estás equivocada"*, le aconseja a su amiga después de que ella le llora por su esposo abusivo.

Brody: Lo que nos lleva a otra pregunta: ¿Pueden los líderes estatales presentar o votar artículos de secesión? No. No pueden, y esa no es mi opinión. Es lo que expresa explícitamente nuestra Constitución. La Enmienda 14, Artículo III, es muy clara. Ningún Legislador del Estado se rebelará contra la Constitución. Votar por los artículos de secesión propuestos por NH es una rebelión contra la Constitución de los estados unidos. Sería emitir un voto para rebelarse contra la Unión y, por tanto, contra la misma Constitución que establece la Unión perpetua.

Alu: Nuevamente, los argumentos constitucionales son quizás los argumentos más débiles contra la independencia. Para ser honesto, si la pandilla del gobierno de DC obedeciera la Constitución, el descontento enorme entre los estadounidenses y el movimiento independentista de New Hampshire no existiría. Entonces, si los políticos de DC pueden incumplir descaradamente a la Constitución de los estados unidos ad infinitum, estoy totalmente de acuerdo con hacer lo mismo, incluso si eso los lleva a acusarme de violar sus leyes. Nuevamente, eso me pondría a la altura de George Washington y Thomas Jefferson. Me conformo con eso. Si le gustan las Constituciones, debe leer esta parte de la Constitución de New Hampshire, que literalmente legaliza y alienta la rebelión contra gobiernos tiránicos, como el que tenemos ahora en DC: *"...siempre que los objetivos del gobierno se hayan pervertido, y se ponga en peligro la libertad pública, y todos los demás medios de la reparación sean ineficaces, el pueblo puede, y por derecho debe, reformar lo antiguo, o establecer un gobierno nuevo. La doctrina de la no resistencia contra el poder arbitrario y la opresión es absurda, servil y destructiva al bien y a la felicidad de la humanidad."*

Brody: Los legisladores estatales también han presentado legislación que establece un proceso para destituir a los miembros del Tribunal General que hayan "participado en una insurrección o rebelión". HB1007 permitiría a la Cámara de Representantes o al Senado de NH hacer cumplir la Sección III de la Enmienda 14. El Artículo VI, Párrafo 2 de la Constitución Estadounidense, comúnmente conocido como la Cláusula de Supremacía, establece que la constitución federal y la ley federal tienen prioridad sobre las leyes estatales e incluso las constituciones estatales. Los legisladores estatales deben cumplir con nuestra Constitución de los estados unidos. Por lo tanto, concluiría que estamos obligados a cumplir con la Sección III de la Enmienda 14.

Alu: Otro legislador anti-libertad y anti-independencia propuso un proyecto de ley inconstitucional para eliminar a los patriotas independentistas de la legislatura. El proyecto de ley no se aprobará y ni siquiera vale la pena perder el tiempo preocupándose al respecto.

Brody: Animo a mis compañeros legisladores a rechazar los artículos de secesión de NH y proteger el gobierno constitucional. CACR32 no solo es logísticamente y constitucionalmente imposible, sino que los artículos de secesión de NH pueden llegar a requerir la aplicación de la 14ª Enmienda. La cámara baja del congreso de NH no debería obligar a estados unidos a una crisis constitucional. La cuestión de la secesión estatal unilateral murió en Appomattox. Mantengámoslo de esa manera.

Alu: Animo a todos los legisladores a apoyar el derecho natural al autogobierno, rechazar la propaganda paranoica, protegernos de los tiranos en DC, y rechazar la noción de que el poder hace el derecho/la ley del más fuerte. Ayúdennos a proteger a la minoría más pequeña: el individuo. Permitan que la gente de New Hampshire vote si quiere que nuestro gran estado continúe sufriendo bajo el gobierno vicioso de políticos, jueces, agentes del orden público y reguladores corruptos de DC.

En resumen, no hay nada en la Constitución de New Hampshire o de los estados unidos que prohíba la secesión. Y muy pocas personas estarían en desacuerdo con el hecho de que cualquier cosa que no esté prohibida por la Constitución Estadounidense es ciertamente legal. Incluso si la Constitución de los estados unidos fuera un contrato (que es el mejor argumento que presentan los activistas en favor de la anti-independencia), simplemente podríamos señalar los innumerables ejemplos durante el siglo pasado en los que el gobierno federal violó la Constitución/contrato con severidad creciente. Y sabemos que el principio más fundamental del derecho contractual es la separabilidad; el concepto de que si una de las partes viola el contrato con intención deliberada y no corrige inmediatamente el incumplimiento, la otra parte está totalmente en su derecho de anular todo el contrato. En términos más simples, una vez que el gobierno federal aprobó la masiva 'Ley Nacional de Armas de Fuego' que infringió claramente a la protección de la segunda enmienda de la Constitución del derecho a tener y portar armas, cualquier estado podría haberse alejado de la unión con una buena razón, de acuerdo con el derecho contractual universal.

13: Apoyo público

¿Cómo se sienten los residentes de New Hampshire sobre la secesión? ¿Realmente desean ser independientes del gobierno federal?

Una encuesta de junio del 2022 realizada por 'Survey USA' preguntó a los residentes de New Hampshire cómo se sentían acerca del gobierno federal y la idea de separarse del sindicato. Entre las preguntas más interesantes estaban:

Los líderes electos en el gobierno federal tienen en mente mis mejores intereses al aprobar la legislación: ¿De acuerdo o en desacuerdo?

Solo el 4% está muy de acuerdo, solo el 25% está de acuerdo y el 66% no está de acuerdo.

Los políticos en Washington, DC violan nuestros derechos más de lo que protegen nuestros derechos. ¿Estás de acuerdo o en desacuerdo?

22% muy de acuerdo, 43% algo de acuerdo y sólo 27% en desacuerdo.

(Considerando que la única razón para el establecimiento del gobierno federal fue proteger los derechos naturales, ¿no debería esto significar que no debería existir, porque viola los derechos que fue diseñado para proteger?)

Las personas en los estados unidos están cada vez más divididas sobre temas importantes, como los derechos LGBT, las armas, el aborto, la integridad electoral, las relaciones raciales, la participación en guerras extranjeras, el cambio climático, la inmigración, etc. ¿De acuerdo o en desacuerdo?

60% muy de acuerdo, 31% algo de acuerdo y solo 6% en desacuerdo.

Si los ciudadanos de los estados unidos continúan divididos en temas importantes, me temo que aumentará la violencia política. ¿Estás de acuerdo o en desacuerdo?

El 89% está de acuerdo y solo el 7% en desacuerdo.

Confío en mi gobierno estatal más de lo que confío en el gobierno federal. ¿Estás de acuerdo o en desacuerdo?

El 63% está de acuerdo y solo el 24% no está de acuerdo.

La encuesta también encontró que el 29% de los residentes de New Hampshire y el 52% de los republicanos de New Hampshire dijeron que estaban listos para separarse. La encuesta también respondió a la pregunta común sobre el despliegue militar del Imperio de DC para atacar a cualquier estado que decidiera separarse. Cuando se les preguntó si el gobierno federal debería usar la fuerza militar en respuesta a la secesión de un estado, sólo el 3% de los residentes de New Hampshire y el 6% de los encuestados en toda la unión apoyaron la idea. Con respecto a la pasión que New Hampshire siente por la independencia, solo el 65% de los encuestados dijo que no donaría a la campaña por la independencia. Solo el 59% de los encuestados dijo que no se ofrecería como voluntario para la campaña por la independencia. ¿Cuán seguras y apasionadas son las personas anti-independencia en New Hampshire? No tienen la confianza suficiente para tener un debate público sobre el tema.

En todo el sindicato, las encuestas muestran consistentemente que alrededor del 75% de las personas creen que el sindicato va en la dirección equivocada y que debe haber un cambio drástico en nuestro arreglo actual. Al momento de escribir este artículo, solo el 13% de las personas creen que estamos en el camino correcto, según una encuesta masiva realizada por Civiqs.com. Una encuesta de julio del 2022 realizada por Yahoo/YouGov encontró que solo el 15% de las personas piensan que estamos en el camino correcto como sindicato. La misma encuesta encontró que solo el 43% de los encuestados dijeron que estarían peor si sus estados abandonaran la unión y se convirtieran en naciones independientes.

Cada vez más, las personas en todo New Hampshire se están renunciando a 'salvar DC' y están apoyando a la independencia como la última esperanza para el futuro de la libertad. Dentro de una década, estas personas probablemente constituirán la mayoría en el estado de vivir libre o morir.

Fin

<u>Apéndice</u>

¿Tenías curiosidad por saber por qué he usado letras minúsculas a propósito para los "estados unidos" a lo largo de este libro?

Después de unos cuantos años de ser un soportante del gobierno federal y la unión que creía que todos podíamos y debíamos unirnos bajo un conjunto de valores, me he dado cuenta de que cada uno de los 50 estados es único y debe ser gobernado de manera independiente. No hay dos estados que tengan las mismas culturas. New Hampshire, California, Texas, New Jersey, Wyoming y Georgia son muy diferentes entre sí, ¿no es así?

Al poner "Estados Unidos" en mayúscula o al referirlos como "EE. UU.", "América" o como "un país", estamos reforzando la idea de que todos somos ciudadanos de *una sola nación*, lo que significa que todos tenemos el mismo sistema de valores. Ese no es el caso. Somos una colección de 50 estados independientes y soberanos. Al menos, se suponía que debíamos serlo. Hasta que el imperio de DC nos quitó la autonomía.